MOVING BEYOND MODERN PORTFOLIO THEORY　Investing That Matters

「良い投資」とβアクティビズム

MPT現代ポートフォリオ理論を超えて

ジョン・ルコムニク
ジェームズ・P・ホーリー 著

フロンティア・マネジメント代表取締役
松岡真宏 監訳
月沢李歌子 訳

日本経済新聞出版

本書の執筆にあたり、アイデア、批評、インスピレーションを
提供してくれた以下の方々に感謝したい。

Constanza Consolandi, Stephen Davis,
Christel Dumas, Caroline Flammer, Keith Johnson,
Oguzhan Karakas, Steve Lydenberg, Harinder Mann,
Ellen Quigley, David Pitt-Watson, Paul Rissman,
Delilah Rothenberg, Judy Samuelson,
Lord Chris Smith, Demosthenes Tambakis.

また、本書に関する研究を奨励してくれた
以下の機関にも感謝したい。
ケンブリッジ大学ジャッジ・ビジネススクール
およびペンブローク・カレッジ、
ハイ・メドウズ・インスティテュート、トゥルー・バリュー・ラボ。

本書をダイアン、レベッカ、ジェシー、サティヤ、
リンに、ジュリア、エイダンに捧げる。

「ルコムニクとホーリーは、現代ポートフォリオ理論が資本市場、投資家、社会に影響を及ぼすシステミックリスクに対処できないことを見事に主張している。彼らが強調するのは、投資の成功は、投資家の銘柄選択の能力だけでなく、経済と資本市場の健全性と緊密に結びついているのが認識されつつあることだ。また、投資家がいかに分散を超えて気候変動や他のマテリアルなESGリスクについて行動してきたかを示している。

リーガル・アンド・ゼネラル・インベストメント・マネジメント
インベストメント・スチュワードシップ担当ディレクター　サシャ・サダン

「本書はまさしく必要とされるものだ。ジムとジョンが現実の世界と金融をふたたび結びつけ、その目的をわたしたちに思い出させてくれる。金融理論に対してクリティカルシンキングを用いた結果、混乱し、不信感を抱く学生に、あるいは目的意識と影響力を求める投資家に、本書を引用したり、伝えたりできることをうれしく思う。ポートフォリオと投資行動は、システムに、金融、生態系、わたしたちが生きる社会にまさしく影響を与える。ジムとジョンはそれを説得力をもって説明した。本書は世界を変える」

ICHEC 准教授　クリステル・デュマ

「もし、株式市場と実体経済が乖離した現在の状況に当惑し、それでいながら投資が社会問題に取り組むために資本を割り当てるという本来の目的に戻ることを望んでいるのであれば、本書を読んでほしい。現代ポートフォリオ理論がいかに今日の投資世界を作ったか、そして、いかにそれが社会の直面する問題に取り組むことを妨げているかを本書は理性的に、わかりやすく考察している。本書は、投資家がシステミックリスクを概念化し、さまざまなβアクティビズムを通してシステミックリスクに直接、取り組むことにより、実践が理論を先導することを示している。だが、こうした実践の理論化は遅れている。統計的な属性をいじるのではなく、原因の根本に取り組む投資のスチュワードシップを活発化することにより、この問題と闘うために投資家がとるべきステップが本書では提案されている」

スペイン　ナバラ大学経営大学院（IESE）戦略経営学科教授兼責任者
ファブリツィオ・フェラーロ

「金融と投資の次の動きを知りたければ、本書を読むべきだ。ルコムニクとホーリーは、投資理論がどのようにわたしたちに影響を与えてきたか、理論の限界、未来の金融市場におけるそういった理論のかわりになるのは何かを専門家として語っている」

CFA 協会　キャピタルマーケットポリシー担当ディレクター
マット・オーサグ

「ルコムニクとホーリーは、現代ポートフォリオ理論を最新化する必要性を鋭い視点から示している。投資家、研究者、また、金融や持続可能な未来に関心を持つすべての者が読むべきだ。本書はあなたの考え方を問うものである」

ボストン大学准教授、PRI アカデミック・アドバイザリー委員会委員長
キャロライン・フラマー

「本書は現代ポートフォリオ理論の限界とそれが残した断絶を明確に分析しており、投資が今、どこへ向かっているのかを理解したいと願う人の必読書である。投資がこの先、なぜ、そしていかに進化しなければならないかを示すと同時に、先見の明のある投資家たちが新しい慣行を築く基盤となっている」

インベストメント・インテグレーション・プロジェクト創設者兼 CEO
スティーヴ・リンデンバーグ

「企業と資本市場の目的について深く考え直すことが迫られている今、本書は、21 世紀の資本主義についてより進んだ見識へと導いてくれる。また、長期的価値の創造の実現には、企業の過去の財務パフォーマンスの分析を超えることが必要であり、環境破壊、技術の進歩、人口動態の変化など、より深いシステミックリスクの重要性を理解するべきであると促している。ルコムニクとホーリーは、現代ポートフォリオ理論が、現代や未来の経済や社会に役立つよう進化するべきであることを本書によって明らかにしている」

インターナショナル・コーポレート・ガバナンス・ネットワーク CEO
ケリー・ワリング

目次

第2章
現代ポートフォリオ理論のパラドックス　57

第5章

ナツメグによる配当が5兆ドルになるまで
――コーポレートガバナンスの第3ステージへようこそ

文中の〔　〕は訳注です。

はじめに

本書は、ノーベル賞を受賞し、ほぼすべての人に受け入れられた理論が、いかに20世紀の世界を豊かにし、また、それにもかかわらず21世紀に衰退の兆候を見せているかについて語ることをめざしている。現代ポートフォリオ理論（ＭＰＴ）とそれをめぐる投資哲学は年老いつつある。進化が必要だ。そうした進化はふたつの主要な目的を果たすための能力を向上させ、維持させるために不可欠である。その目的とは、投資家に適切なリスク調整後のリターンを提供することと、経済が必要としているところに資本を振り向けることだ。

金融業界に関わりのない人がなぜ金融理論に関心を持たなければならないのか。資本市場が企業や事業の繁栄と没落に影響を与えるとしたらどうだろうか。考えてみてほしい。石炭火力発電所が資本調達できるのか、再生可能エネルギー事業に資本が流入するのか。企業が社会から価値を引き出せるか、あるいは社会に価値を加えられるか。わたしたちの老後の生活は快適なのか、惨めなものになるのか。経済において、多様性が重視されるのか、それとも無視されるのか。

推測によると、世界では１００兆ドルの資本が専門家によって管理・運用されている。そして、そのほぼすべてがＭＰＴの教義に従って管理・運用されている。大手機関投資家の手に所有権と資本が歴史的に類を見ないほど集中していることが、本書の背景にある。この現状はMPTによって強化されてきた。そして今、この現状がMPTを強化している。

MPTがどのように、そしてなぜ効力を失った現在も使われ続けているのか。本書ではそのことを論じたい。実践が理論を超えたというのに、資産運用機関はMPTに忠誠を誓っている。本書ではその皮肉を検証したい。

ハリー・マーコウィッツが1952年にMPTを提唱したことによってノーベル賞を受賞したのには、それなりの理由がある。分散投資の本質に関する彼の知見は、投資を変えた。それはインデックスファンドを誕生させ、投資信託の成長を促し、アメリカの確定拠出年金（401k）、イギリスのISA、世界中の無数の退職金基金やその他の貯蓄基金を実現させた。おそらく最も重要なのは、投資家がポートフォリオ全体で計算されたリスクをとることを正当化し、それによって経済や社会に恩恵をもたらす新しい取り組みに資本が流れるようにしたことだろう。

MPTは、株式のポートフォリオを構築することでリスクを分散できると主張する。MPT以前のように、いくつかの銘柄を保有して、個別のリスク特性のみにもとづいて選択するのではない。だが、MPTは、社会・環境・金融の各システムから生まれるシステミックリスクが投資に与える影響からは逃れることができないとも主張している。それどころか、その結果生じるシステマティックな市場リスク、すなわち投資家が「β」と呼ぶものを受け入れざるを得ない（本書では、分散不能なリスクをシステマティックリスクとして、環境・社会・金融システムに対する、またはそうしたシステムから生じるリスクをシステミックリスク、あるいはシステムリスクとして区別している。多くの場合、システミックリスクは分散不能なシステマティックリスクにつながる）。

景気後退であろうと、気候変動であろうと、MPTでは、βはポートフォリオに影響を与えるが、ポートフォリオはβに影響を与えることはできないとされる。本書ではこれを「現代ポートフォリオ理論のパラドックス」と呼ぶが、MPTの根底にあるこのパラドックスには、ふたつの大きな要素がある。

まず、システマティックリスクがポートフォリオのリターンに及ぼす影響は、銘柄選択や分散ポートフォリオ構築のスキルよりも数十倍も大きいことが多くの研究によって証明されているということである。よって、パラドックスのひとつめは、MPTは、投資家が影響を及ぼせるものは重要ではない、と告げていることだ。次に、システマティックリスクに関してMPTがまちがっていることである。たしかに、システマティックリスクはポートフォリオに影響を及ぼす。だが、MPTの主張に反して、ポートフォリオと投資活動もシステマティックリスクに影響を及ぼせる。そこには共生関係が存在するのだ。

本書では、MPTの主張に反して、「市場」のリスクとリターンは投資家の決定に影響を受けることを論じる。フィードバックループはあちこちに生じる。MPTが広く支持されている一方で、投資家が意識的にも無意識的にも、どのようにシステマティックリスクに影響を与えるかを示す。それと引き換えに示されるのは、MPTにシステムが意識的に注目することによって、市場のシステマティックリスクに流入する、システムリスクの原因の多くを低減できるということだ。金融市場に突然の衝撃が襲うことは確かにあるが（新型コロナウイルス感染症の世界的流行《パンデミック》はその著しい例である）、多くの場合、こうした予防可能な驚き（サプライズ）は実際に考えられているよりも少なく、予防や軽減する能力がなかったからではなく、理解不足や意志の欠如の結果である。たとえば、パンデミックの脅威はよく知られており、研究もされていた。

本書では、世界最大の投資家が、気候変動からジェンダー・民族・人種の多様性の欠如、薬剤耐性菌の増加までのシステミックリスクを低減する取り組みについて紹介する。彼らの能力を否定するＭＰＴ伝統主義者よりも、彼らの行動のほうが雄弁に物語っている。本書では、ありふれた光景のなかに隠れていることに光を当てたいと思う。それはつまり世界最大の投資家は、経済・環境・社会慣習に根本的な影響を与えるやりかたで、ＭＰＴの限界を超えて進化してきたということだ（大多数の人が、彼らがいまだＭＰＴに従っていると考えているのは皮肉である）。

本書はわたしたちが知る限り、こうした現実世界の非ＭＰＴ的な行動によって、ＭＰＴの中核的信条にそれぞれが単独で抗うよりも、首尾一貫した抵抗を示せることを主張した最初の本である。こうした行動の多くは、システミックリスクに焦点を当てている。システミックリスクを低減することができれば、すべてが変わる。市場全体のリターンを改善することは、銘柄選択によって市場のリターンを打ち負かすよりも強力なことであり、それが必要であり可能であることを意味する。今日、相対リターンばかりが重視されているが、それは未来を見据えた行為ではない。長期にわたるシステムの健全性（ベンチマークで相対的には測れない）のほうが、財務的・経済的リターンにより良い影響を与える。さらに、それはリターンを下押しする、あるいは社会を破壊しかねない脅威となる地球温暖化、所得格差、ジェンダーや民族や人種による差別、その他のシステミックリスクと闘う強力な新たな力を生む前兆となる。

MPTは、投資を金融危機、所得格差、地球温暖化といった現実世界の混乱から切り離された、無感情の行為として扱う。対照的に、わたしたちの手法は、投資と、資本市場、そしてわたしたち人間が依存する環境・社会・金融システムとのあいだに因果関係やフィードバックループがあることが前提だ。これが本書の原題が示しているものだ。サブタイトルの〝*Investing that matters*（投資は世界を変える）〟は、投資がふたつの主要な目的に結びついているべきであることを主張している。それは実際の非金融経済と社会に資本を効率的に分配し、現在と未来の人々に現実的かつリスクを管理されたリターンを提供することである。

本書の原題である〝*Moving Beyond Modern Portfolio Theory*（現代ポートフォリオ理論を超えて）〟は、MPTやそのほかの金融理論の多くが、それ自身、現在の政治経済学におけるルーツと関わりを見失っていることを意味している。金融をより大きな経済と再統合することは社会にとって不可欠だが、金融自体にとっても非常に重要である。本書はそうした糸を束ねあげ、行動を促すための枠組みを提案する。これが本書を書いた動機である。

著者

第1章

The MPT Revolution Devours Its Children

現代ポートフォリオ理論の光と影

現代ポートフォリオ理論の革命前夜

現代ポートフォリオ理論（ＭＰＴ）は投資の世界と金融市場を変えた。世界経済を変えた。まさしく革命だった。フランス革命を目にしたフランスの記者〔スイス出身のジャーナリスト〕ジャック・マレ・デュ・パンは、「革命はサトゥルヌスのように、わが子を食らう」と記した。

デュ・パンのたとえは適切だ。デュ・パンが指摘するように、ギリシア神話では、クロノス〔ローマ神話のサトゥルヌスはギリシア神話のクロノスと同一視される〕は長きにわたり宇宙を支配した巨神族の長である。クロノスは、６人の子のうちのひとりに地位を奪われるという予言を受け、わが子を全員飲み込もうとした。だがゼウスがそれを逃れ、予言通りにクロノスと巨神族を倒して、オリュンポスの神々による黄金時代を築いた。

ＭＰＴは、金融市場におけるクロノスだ。投資がどのように機能するかを示す強力な理論的枠組みであり、何世代にもわたり成功してきた。古代の人々がクロノスによって複雑な世界のはたらきをとらえたように、投資家は複雑な市場の動きをＭＰＴによってとらえてきた。だが、この理論も年老いた。ひとつどころか３つの点で市場の支配を失いつつある。

第一に、クロノスが多くの子どもを作ったことによって破滅への種をまいたように、MPTは、みずからが生んだ成功の犠牲になっている。第二に、MPTの父であるハリー・マーコウィッツが1952年に影響力の大きな論文を書いたときには予見できなかった変化が、資本市場で起きている。ゼウスが成長したように資本市場も成熟し、MPTの前提を超えた力を有するようになってきた。第三に、クロノスが、巨神族の世界の支配者であったにもかかわらず運命から逃れられなかったように、MPTも特異リスク（イディオシンクラティックリスク）を分散するという原点とシステマティックリスクを低減する枠組みを示せないことからは逃れられない。それどころか、MPTはシステマティックリスクの低減を試みてさえいない。それは致命的な欠陥である。何世代ものあいだ、投資は資本市場が依存する金融・社会・環境システムへのリスクを低減しようともせず、別個のものとしてとらえる枠組みを提供してきたからだ。

このようにMPTは伝統的に二重の失敗をしている。ひとつは、システマティックリスクは固定されたものではなく低減できるのを無視したこと。もうひとつは、システマティックリスクとシステミック（システム）リスクの関係を無視したことだ。2020年の新型コロナウイルス感染症の流行や2008年の世界金融危機であろうと、気候変動、所得格差といった現在進行中のものであろうと、資本市場も社会も、システミックリスクに対しては、MPTにおいて革命的要素である特異リスクの分散能力には限界があることに気づき始めている。MPTは、自身の力では分散不可能なリスクが市場や経済や社会に影響を及ぼすときには、望ましいリスク調整後のリターンを生み出して、効率的に資本を配分することがほとんどできない。危機的状況にない平時でも、特異リスクによる、投資家のポートフォリオにおけるリスク・リターン特性への寄与と影響はわずかで、コンピューティング能力の向上と研究のおかげでシステマティックなリスクファクター（因子）がより明確になるにつれて、その寄与と影響はさらに小さくなっている。これはMPTの実践と知見によるものでもある。特異リスクは分散化によってゼロに近づけられる。だが、個別リスクよりもシステマティックリスクとシステミックリスクのほうがはるかに重要だ。それにもかかわらず、MPTは、投資家のためにも社会のためにもそれらを低減できないのである。

それどころか、マーコウィッツとMPT支持者は伝統的にそれに焦点を当ててもいなければ、それが不可能、あるいは不必要だとさえ考えている。実際、MPTは重要度の低いことに焦点を当てているのだ。それがMPTのパラドックスであり、これについては第2章で詳しく論じる。だが、この理論の原罪を探る前に、MPTがどれだけ革命的であったか、理論の背景にある前提に対する批判、MPTの上に築かれた理論、なぜMPTがみずからの成功の犠牲になっているのかを理解するべきだろう。それが本章の狙いだ。

マーコウィッツと現代ポートフォリオ理論以前

20世紀の後半以前、投資リスクの分析は（よってリスク計測やリスク管理も）個別銘柄に注目していた。たとえば中央政府の債券は「安全」と考えられていた（現在もそう考えられている）し、成功が実証されていないビジネスモデルにもとづく中小企業のＩＰＯ（新規公開株）は「リスクが大きい」と考えられた（いまだにそう考えるべきとされている）し、既存の大手企業が発行する株は各社の強みにもとづいて分析された。それがほぼすべてだった。

投資ユニバースはより小さく、銘柄ごとのリスク分析に注目しているが、重要な（そして長く続く）議論があった。それはベンジャミン・グレアムとデビッド・ドッドのように、ポートフォリオ構築に一貫した理論は用いないものの、個々の銘柄の価値とファンダメンタルズにもとづく投資をする人々と、ジョン・メイナード・ケインズのように株式市場の心理的要素（熱狂、見方を変えれば、みんなの意見は正しい）に焦点を当てる人々とのあいだで続く議論だ。グレアムとドッドはＭＰＴ以前から、平均的な機関投資家は市場指数（インデックス）に勝つことはできないと主張している[1]（当時はまだインデックスファンドは存在していなかった）。両者の信奉者の議論には、投資方法に関する一貫した理論が欠けていた。彼ら信奉者は銘柄を分析・選定するだけで、大枠の投資計画を持たなかった。ケインズの追随者は景気循環と市場力学を重視したが、そうした観察を株式ポートフォリオにどう転換すべきかについては重視しなかった。

そこにハリー・マーコウィッツが登場した。マーコウィッツはすぐれた数学者で、投資家の望みやニーズを直感的に理解した。１９５２年の論文の最初の段落にこう書いている。「……投資家は、期待リターンは望ましいもの、リターンの分散は望ましくないものと考える（あるいは考えるべきである)」[2]。この文にはふたつの重要な要素がある。まず、マーコウィッツの視点は、市場が実際にどう機能するかを客観的に説明するのではなく、こう動くべきだという意図的な規範を示していること。次に、MPTでは、すべてのリスク原因の影響を単一の指標、つまり変動性(ボラティリティ)に集約していることだ。MPTに関する限り、すべてのリスクは、根本原因がなんであろうと、個別銘柄の将来の株価にどれだけの不確実性をもたらすかに帰着する。どのリスクの根本原因もほとんど相関がないが、銘柄固有リスクはある程度、分散と相関して、連動しながら資産ポートフォリオのボラティリティを増加させる、あるいは相関しない場合はボラティリティを低下させる。

MPTが大きく発展したのは、最小の平均分散ポートフォリオの作成を投資家の目的としたことである。つまり、将来の期待リターンに対する投資家の予想の「誤り」を小さくするポートフォリオを構築する。MPTは、投資家の仕事をリスク単位あたりのリターンを最大化させるものとして体系化し、そのための理論と数学を提供した。

ミゲル・デ・セルバンテスが1615年の名著『ドン・キホーテ』のなかで「卵をひとつの籠《かご》に盛るな」と書いているように[3]、分散化は目新しいものではない。だが、マーコウィッツが1952年に世界に紹介した考え方は画期的だった。彼の理論に含まれる計算式によって、投資家はそれまで「リスクが大きすぎる」と避けてきた銘柄を、全体としてより良い成果を得られるように再設計できるようになった。MPTではポートフォリオ(個別銘柄ではない)の総リスクが重要であり、そのリスクは個別銘柄リスクよりも小さくなることになっている（一部の銘柄のリターンが上がり、別の銘柄のリターンが下がれば、ポートフォリオ全体のボラティリティが抑えられる）。

こうした考え方やその数学的証明は投資家にとって刺激的だった。それまで一定のリスク範囲内でしか銘柄を選択できなかった投資家が、リスクが大きいかわりに大きなリターンを期待できるハイリスク・ハイリターンの銘柄に投資できるようになったからだ。値動きが連動しない銘柄でポートフォリオを構築すれば、従来の低ボラティリティ銘柄を組み入れるのと比べて、ポートフォリオ全体のリターンは大きくなる一方で、リスクは同じか、小さく保つことができる。分散化すれば大きなリターンを得るために大きなリスクを負う必要がない、という理論と証明をマーコウィッツは示したのだ。

MPTがもたらした重要な結果のひとつは、投資家が「より安全」な投資という縛りから解放され、個々の銘柄や他の資産のリスクとリターンのパターンに注目するようになったことだ。混ぜ合わせて変動性の小さいリターンのパターンの聖杯を作ることが究極の目標となった。まもなく誰もが、効率的なポートフォリオを構築するために、MPTの聖杯の恩恵を受けるようになったし、今も受け続けている。

個々の投資家（大口機関投資家も含む）のMPTに対する反応は構造的である。3兆ドルの規模になるが、例を挙げよう。アメリカの公的年金制度は文字通り、何千万人もの公的セクターの退職者に確定給付型年金を提供し、総資産は数兆ドルにのぼる（また確定拠出型年金もあり、両方を提供するものもある)。MPTが登場する前は、こうした年金給付を目的とする基金/年金基金が所有できる証券は歴史的に州議会によって制限が設けられてきた。株式はリスクがあり、所有が禁じられることもしばしばあった。そのかわりに、年金基金は、債券への投資、しかもアメリカの十分な信頼と信用がある債券や、なんらかの信用テストに合格した債券に投資するよう求められた。リターンは小さくなるが、リスク管理面では申し分なかった。1996年になってようやく、最後のインディアナ州、ウエストヴァージニア州、サウスカロライナ州で年金基金の株式投資が解禁された。[4]

MPTは、半世紀をかけてアメリカ国内で最も保守的な州議会を征服した。というのも、この3州の年金基金のリターンが他州よりも低く、納税者の重荷となっていたためである。より包括的なポートフォリオ理論が登場したおかげで、いまやすべての州がMPTによる分散投資を法のもと取り入れた。一部の証券を制限した州(たとえばニューヨーク州[5])でさえ、法的制限の及ばないバスケット条項を設けることで、「よりリスクの大きい」証券の保有高の制限を引きあげ、事実上のMPT投資環境を作った。

ポートフォリオ全体のリスクを見る動きは、世界中に広がった。事実、アメリカの公的年金制度は、年金を統治する政治的環境が、他国とくらべてMPTによる投資革命を遅らせた顕著な例である。1996年に最後の州が取り入れる頃には、MPTは世界中の合同運用ファンドに組み込み可能な証券の法律を正当化していた。リスク管理方法に関する市場参加者の考え方だけでなく、立法府の議員の考え方（金融革命に懐疑的な者も少なくない）も変えたことは、MPTがいかに普及していたかを物語る。

分散効果の力を解放するのに必要だったのは、数字、コンピュータのデータ処理能力、結果分析だった。投資家が、ポートフォリオの期待リターン、期待ボラティリティ、期待される個々の銘柄の相関を知っていれば、望ましいリターン水準の最小の平均分散ポートフォリオを構築できる。言い換えれば、一定のリスクを負って最大リターンをもたらすポートフォリオだ（この理論が暗に伝えるトートロジーについてあまり言及されないことにしばしば驚く。未来を予測するには、投資家は未来の要素がどのようになるかを予測しなければならない。もちろん、投資家が将来の無リスク金利〈リスクフリーレート〉を予測できるなら、ポートフォリオの分散を行うのは愚かである。望ましい投資期間に最大の収益をあげるひとつ、あるいはいくつかの資産を選んだほうがいい）。

MPTの数学は現実世界から隔絶されている。MPTにおいて、投資家は投資する企業の観察者にすぎない。MPTが注目するのは実体経済における価値創出ではなく、金融市場の価格変動であり、市場と実体経済を分け、資本とアクティブオーナーシップ（積極的株主行動）とのあいだに障壁を築く。[6] アナリストやポートフォリオマネジャーと呼ばれる投資家でさえ、実体経済と資本市場の断絶というMPTの考え方に感化されている。投資家は現実世界の企業を〝分析〟しながらも、金融資産ポートフォリオを〝管理〟する。この断絶は、仲介（資本の配分）や、リスクが現実世界の負債と比較して測定されるリスク調整後リターンの創出などの金融の目的を、会話や研究の片隅に追いやってしまう。それは2008年の世界金融危機後まで続いた。[7]

MPTにおいて良い投資家とは、最も効率的なポートフォリオを構築し、1リスク当たりのリターンを最大化することである。これができれば投資家としては成功だ。リスク（ボラティリティ）をとることによって、市場平均に対して超過リターンを得ることができる。

資本資産評価モデル（CAPM、後述）導入後、投資家たちはこの超過リターンを「α（アルファ）」と呼んだ（厳密には、超過リターンはジェンセンのアルファとは異なる。ジェンセンのアルファでは、特定のポートフォリオと比較ポートフォリオが似たようなリスク特性を持つ必要がある。だが実際には、超過リターンとαは同じ意味で使われる傾向にある）。興味深いのは、超過リターンはプラスであることもマイナスであることもあるにもかかわらず、「超過」リターンはプラスの収益率を意味する。大半の期間において手数料を引いたポートフォリオは市場のパフォーマンスを下回ることが多いためだ。しかし、何に対して超過するのだろうか？　答えは市場全体のリスク・リターン特性、すなわち投資家が言うところの「β（ベータ）」である。厳密に言えば、αはポートフォリオのβでは説明できない残余リターンだ。[8] つまり、次に説明するシステマティックリスクに対するリターンである（αと同じように、βにも実質的な定義がある。βとは市場全体と比較したポートフォリオあるいは個別の証券のボラティリティである。「市場」のβ値は1・0とされる。証券、証券の組み合わせ、すべての資産クラスは市場に対するβを有する。たとえば、小型の成長株のβ値は1・0を上回ることが多い。これは一般の市場よりもボラティリティが大きいことを示す。一方、大型の公益事業株のβはたいがい1・0を下回る）。

だが、やがて事実上の市場の意味が発展した。ポートフォリオマネジャーたちは、このプラスのαを自分たちのスキルによるものと説明しはじめた（驚くべきことではないが、マイナスのα、あるいはポートフォリオのβに起因しないマイナスの収益リスクについては単にリスクと呼んだ。「表が出たらこちらの勝ち、裏が出たらそちらの負け」、つまりどっちに転んでも損はしないというわけだ）。

これはそこそこ筋が通っている。市場は実質的に証券の投資機会集合であり、投資家はそこから選択してポートフォリオを作る。そのため、市場に対する収益率を測ることは、ポートフォリオ構築者のスキルを測ることでもある。さらに効率的市場仮説（後述）では、市場のリスク・リターン特性は、すべての投資家の知恵の産物であり、投資家が業績を上回ったか、下回ったかを判断する公正な基準に思える。

まもなく、MPTで「勝つ」ルールが明らかになった。つまり市場のリスクとリターンは、その構成要素――市場全体を構成する個別の証券――と比較される基準である。そこで慣習が生まれた。たとえば、市場のβ値を1・0とし、個々の証券を市場のβ値に対して計測する。ボラティリティの面でリスクの大きい証券のβ値は1・0を上回り、リスクのより小さな証券のβ値は1・0を下回る。

目標が「ベンチマークを打ち負かす」になった点はあまり言及されないものの、それは現実世界でのニーズを満たすのではなく、市場のリターンを上回ることが「良い」投資家の目標になるという大きな効果をもたらした。フィデリティが運用するマゼランファンドのピーター・リンチや、レッグメイソンのビル・ミラーなど、つねに市場リターンを上回っているかに見える銘柄選択者《ストックピッカー》はスターになり、古代世界を支配した巨神族のごとく金融市場に君臨した。結局のところ、古代の巨神たちも市場の巨人たちも、時代の産物だった。彼らは世界を支配するのに成功した。だが、世界は変わる。古い神話のうそが暴かれ、新しい神話が生まれる。

仮定・仮説・神話――現代ポートフォリオ理論の発展

ＭＰＴの基盤をなす仮定と仮説、さらにＭＰＴの一部となっていったマーコウィッツ後の理論について見ていこう。また、そうした理論、仮定、議論に向けられた重要な多くの批判についても検証する。さらに、マーコウィッツ以降の市場と投資家の進化によって環境が変わり、ＭＰＴを超えた投資理論の必要性が浮き彫りになった点も見ていく。最後に、クロノス同様、ＭＰＴがみずからの衰退の種をまいたことについても考える。

（非）合理的行為者と（非）合理的市場

１９９０年のノーベル賞受賞記念講演で、マーコウィッツはＭＰＴを補完するには「不確実性の下における合理的選択理論」が必要だと論じている。言い換えれば、市場は合理的行為者によって構成されている、あるいは構成されるべきという仮定がＭＰＴには欠かせないのだ。[9]

マーコウィッツのいう合理的とは経済的な意味であり、投資家はつねに効用、すなわちMPTの定義ではリスク調整後リターンを最大化する選択をすることを意味する。大事なのは、マーコウィッツが投資家は合理的だと言ったことではなく、合理的であるべきだと言ったことだ。MPTは基準であり、規範であり、社会学者ドナルド・マッケンジーが論じたように行為遂行的《パフォーマティブ》である。[10] つまり、ある程度、人々はMPTを信じ込み、それをもとに演じて、独自の現実を築いたのだ。時がたつうちに、市場参加者がいかに機能するべきか、それによって市場がいかに構成され、いかに動くかを形づくったのがMPTの強みである。

MPTは、投資家や投資管理者にそのパフォーマンスと力を信じ込ませ（それにもとづいて行動させ）るまでに価値を証明した。とくに、1950年代から1980年代にかけて、アメリカやイギリスやその他の国々の、比較的小規模な投資家が支配する集中度の低い市場ではそれが顕著だった。[11] マーコウィッツ自身は合理的期待理論にそれほど注目していなかったものの、MPTは、合理性を判断する基準に対して効用関数を定義したことにより、ポートフォリオをより合理的にする試みとみなすことができる。また、外へ前へと向けられたMPTのレンズは広く投資家に取り入れられ、市場を合理的なものへと後押しする役目を果たした。

MPTの合理的行為者という仮定と規範は、大きな経済学派の考え方を反映している。その主流の経済学派は、経済学を数式化するために「ホモ・エコノミクス」、すなわち計算高く合理的で利益を極大化させる「経済人」という仮定を示した。[12]

合理的行為者という仮定は、しばしば市場は合理的であるという仮定につながる。だが、つねにそうとはかぎらない。たとえば、ジョン・メイナード・ケインズは、株式市場（ケインズ自身が個人的に投資をしていた）は合理的な市場というよりもカジノに近く、群集心理が大きくはたらき、そこで起こることは無作為《ランダム》ではないと論じた。むしろ、個人は別の個人への依存や、関連にもとづいて行動する（「ランダムウォーク」仮説批判の先鋒）。つまり、個人の判断も市場もつねに合理的ではないということだ。これを説明するにあたってケインズは、イギリスの新聞の美人投票を引き合いに出した。投票者は自分自身が最も美人だと思う人に投票するのではなく、ほかの投票者が美人だと思う人に投票するのだ。[13] ケインズと反対の立場を表明したのが、アーヴィング・フィッシャーである。フィッシャーは合理的市場を強く支持した。[14] 合理的市場の探求と理論化に取り組んだのはフィッシャーだけではない。

フランスでは、ルイ・バシュリエが（師のアンリ・ポアンカレに続いて）無作為な正規分布に従う可能性があるとして株価を検証した。バシュリエは、こうした無作為のイベント（次のイベントに左右されない）は（物理学における）自然現象には当てはまるのかもしれないが、人間は交流によってイベントを無作為性の低いものにすると鋭く指摘した。この知見は忘れられがちだが、２００８年の世界金融危機後に広く注目されるようになった。ハイマン・ミンスキーは、金融市場は非金融経済と結びついているため内在する投機バブルのつながりは非無作為であることに注目し、同様の知見を発展させた。このように、論争は決して新しいものではないが、20世紀後半に盛りあがったのは、合理的行為者・合理的市場モデルと仮定がそれだけ支配的になったからである。

合理的行為者・合理的市場モデルには少なくともふたつの明らかな問題がある。まず、ひとつめは（これから見ていくが）、モデルが経済行動や金融行動をはじめ生身の人間行動と一致していない点だ。ふたつめは、モデルがＭＰＴの支柱である点だ。ましてや、この仮定や議論がミルトン・フリードマンが主張する、「それがうまく機能している」限り、正しくある必要も「真実」である必要もないという理論にはまり、ある歴史的条件下で多少なりともうまく機能したというもっともらしい主張がなされたところで、わたしたち（あるいはその他多くの人）が見る歴史的証拠からは、現在それはうまく機能していない。[15]

合理的人間やそれに付随した合理的期待理論[16]が過去半世紀にわたって実用的な意味合いを持つものとして経済学や金融学の大半を支配してきたものの、反論は少数ながらもつねに存在した。当時でさえ、ハーバート・サイモンは際立っていて、主要な経済的意思決定者をはじめ、ほとんどの人は、とくに情報の内容や分析に関して完全に合理的である時間も才能もないと主張している。主要な意思決定者は合理的な行動を最適化するのではなく、手短な経験則《ヒューリスティック》に従って「最低限度の条件を満たす」（満足し十分な）ものだと論じたのは、１９７０年代よりずっと前だった。彼によれば、合理性とは限定合理性だった。[17]

（非）合理的行為者と（非）合理的市場の関係という（興味深い）問題を避けて、市場は市場参加者によって非合理的あるいは限定的に合理的な動きをしながらも、合理的な結果を出すことができるのか、あるいは出すのかという議論があったことを記すのは有用である。すなわち、市場は非合理的行動を包含しながらも、非合理的な行動はａ）無作為に妨げられ、それによって互いに相殺されて、「合理的」で支配的な傾向が支配するのか？　あるいは、ｂ）非合理性がいずれ収まり、市場が正常に戻ることによって、「結果として合理的」になるのか？　バートン・マルキール（後述）は、市場は時とともに合理的になると論じるひとりである。非合理性がなぜ無作為に妨げられるのか。市場が合理的になるまでどの程度の期間、非合理性を受け入れるのか。非合理性を受け入れ、合理的に戻ったときにどのような「コラテラルダメージ（二次的被害）」が引き起こされるのか。市場自身および経済や社会、ハイテクバブルや２００８年の世界金融危機で示された問題を、合理的行為者・合理的市場モデルの信奉者はたいがい論じない。[18]

効率的市場のランダムウォーク

ＭＰＴは経済的合理性という神話がなければ成立しない。このＭＰＴの固定観念は、これまで以上に多くの仮定を生み出し、投資と市場にさらなる影響をもたらした。カギとなるふたつはランダムウォーク資産評価と効率的市場だ。ニューヨーク大学教授のトーマス・サージェントはこう述べる。「エコノミストは、現在の行動を決める際に将来の予測が重要になるようなさまざまな状況を理解するために、合理的期待という考え方を用いてきた。合理的期待は株価の『ランダムウォーク』や『効率的市場』理論の基礎的要素である……」[19]
バートン・マルキールはランダムウォークと効率的価格の支持者としておそらく最もよく知られている。ベストセラーの『ウォール街のランダム・ウォーカー』では、すべての行動が合理的期待と合理的「人間」の仮定にもとづくとは主張していない。それよりも、時がたつうちに市場が非合理的行動を無視するようになると論じ、「〔市場では〕異常なものが出現し、不用心な〔合理的でない〕投資家を引きつけることがある。だが、最終的には真の価値が認められる……」と述べ、「予想はつねに正しくない……リスクは決してはっきりとは認識されない。そのため将来をどの程度無視するべきかは確かではない」とも言う。[20]合理性については、個人や組織が市場よりもつねにわかっていることはないと論じる（つまり市場に勝ち続ける投資家はいないことを意味する）。ここでの暗黙の前提は、市場はいずれ個別の証券や市場全体の「適正」価値を見つけるということだ。
とはいえ、どんなときも、どんな期間も、市場全体や個別の銘柄の価格を見誤る可能性はある。だが、一時性は重要であり、市場はランダムウォークであるという議論の勢いをそぎかねない。バシュリエはこれを平均と長期の問題ととらえた。そして、確率論的な株価（ランダムウォーク）をモデル化する際、人にまつわる事柄は往々にして人間と知識のつながりに影響されるから、無作為というより相互作用的かもしれないと指摘した。そのうえでランダムウォークの主張を、きわめて短期間のもので、コイントスと同じように、以前の出来事とはまったく無関係であるととらえていた。[21]バシュリエは長期間の無作為性や独立性は認めていないが、彼の追随者はそのことを忘れているようだ。
さらに平均（一時でも長期でも）とは、片足を熱湯に、もう片足を氷水につけているようなもので、素晴らしいものだが無意味である。よって、マルキールが市場の「異常状態」あるいは非合理的な浮き沈み（スイング）と呼ぶものも同じで、バリューシーキングの平均が無意味になるかもしれないほどの損害を引き起こす。２００８年の世界金融危機がその好例だ。より一般的には、無邪気で「合理的な」投資家が、「不用意（非合理的）な」投資家によって引き起こされた市場の「アブノーマリティ」から利益を得ようとすれば、「あなたが支払い能力を維持できる期間よりも長く市場は非合理であり続けられる」という有名な警告を無視することになる。[22]
合理性とランダムウォーク理論は、金融の交差性（無関係の証券の価格が影響し合うこと）と「経路依存性」（過去が現在に影響を及ぼすこと）に加え、ケインズ学派が主張する、非無作為性の原因である市場心理を前提としていない。
流動性と価格のあいだで起こる市場力学は有名だが、金融の交差性によって起こる非無作為性の一例である。危機が起こり、多くの投資家が現金化を図る局面では、流動性が最も高く減損しない資産が最初に売られて価格の下落圧力が生じるため、同種の資産価値が下がる。たとえば、信用リスクが大きくなれば、債券の投資家によって、まず国債が売られ、投資不適格債（ジャンク債あるいはモーゲージ債や資産担保証券）への入札がなくなる。多くの場合、投資家は、減損した有価証券を投げ売りするのではなく、国債や流動性のある資産を売却して現金化を図る。その結果、ある証券に対する価格圧力が他の証券にも及び、減損のない証券にも非無作為で非合理的な価格の下落圧力が生じる。同様に、ある「新興」の株式市場や債券市場に問題が起これば、新興国市場投資家は異なる健全な市場の証券を売る。ひとつの市場や証券クラスの出来事が別の市場や証券クラスに波及するこうした市場の伝播現象は、市場価格の方向性を予想可能かつ非無作為なものにする。ランダムウォークの仮定は、証券の所有者にはニーズと責任があるという事実を無視している。それどころか、MPTなどのランダムウォーク理論では、金融市場とその参加者は現実世界から隔絶されており、ひとつの市場、ひとつの証券、あるいは経済全般での出来事が他の証券や市場に影響しないと仮定しているのだ。

皮肉にも、マーコウィッツの3つの主要な資本市場の仮定のうちのひとつが、その誤りと金融の交差性の力を示している。危機や市場の変調時には、投資家はしばしば「相関が1になる」こと、つまり無関係に思える資産の価格も連動することを嘆くほどだ。

ランダムウォークのもうひとつの問題は、価格が少なくともある程度、経路依存であることだ。歴史自体は繰り返さなくても、過去の価格は現在の価格の前ぶれになる。1993年にUCLAのふたりの研究者が経路依存の重要性を示した。過去にパフォーマンスの良かった株を買い、悪かった株を売ることによって、1年間で大きなプラスのリターンを得られることが示されたのだ。[23]それはのちにモメンタム戦略として知られるようになったトレンドフォロー型のコモディティ戦略や多くの市場におけるチャートにもとづいた投資など、現実世界に有効性を持つ多くの戦略が、過去の価格と経路依存性にもとづいている。「抵抗線」や「下値支持線」という言葉が登場するときは、ランダムウォークへの攻撃と考えていい。

資本資産価格モデル

　マーコウィッツのＭＰＴは、時の経過とともに理論と実践がますます多様化した。ＭＰＴの最初の進展は、４人の学者による資本資産評価モデル（ＣＡＰＭ）の開発によるところが大きい。４人は独自に研究を進め、ウィリアム・シャープが１９６４年に、ジョン・リントナーが１９６５年に開発し、ジャック・トレイナーとヤン・ムーシンはＣＡＰＭの異なる型を開発した。簡単に言うとＣＡＰＭにおいて、個々の資産の期待収益率は、リスクフリーレートのリターンと、株式のリスクプレミアムに個別証券のβ（市場と比較した相対リターンベースで算出）をかけたものの和だ。[24] つまりＣＡＰＭによると、期待リターンは個別銘柄のβで測られた変動性と直接関係している。理論上は、リスクが報われる、あるいは逆に、証券の発行者は、よりリスクの大きな資産に投資家を引きつけるためにより多くを支払わなければならないことになる。

　ＣＡＰＭはそれまで明確に概念化されていなかった資本コストのリスクをどう評価するかということから出発した。リスクはマーコウィッツの平均分散の公式にもとづくが、ＣＡＰＭの開発者たちは、すべての投資家がマーコウィッツの効率的フロンティアの助言に従ったらどうなるかとの疑問を抱いた。CAPMはMPT同様、規範的なものだった。「すべての投資家がマーコウィッツの助言に従ったら」という仮説は、市場は均衡している、すなわち個々の投資家はリスクに応じた期待リターンを決定していることを意味する。[25]マルキールはこのように述べている。CAPM以前は「証券から得られるリターンは、証券が生み出すばらつき、あるいは標準偏差によって変化すると考えられていた。〔CAPMによると〕……個別の証券の総リスクは重要ではない。超過の報酬に関わるのはシステマティックな要素だけである」[26]。

ユージン・ファーマとケネス・フレンチによれば、CAPMはMPTにふたつの仮定を加えている。ひとつは、均衡の仮定であり、投資家には市場のすべての資産価格が明らかであるという完全な合意があること。ふたつめの仮定は、すべての投資家が資金をリスクフリーレートで無制限に使えること。このふたつの仮定だけでもすでに疑問が生じる。CAPMは効率的市場仮説と、経済人（ホモ・エコノミクス）モデルにもとづく合理的投資家という考え方に依存している。こうした仮定の単純化のせいでCAPMが現実を説明していないことはかなり以前から理解されているにもかかわらず、「その公式は今でも広く使われている。なぜなら、それが単純で、他の投資の選択肢との比較が容易だからだ[27]」。

MPTは、CAPMによって必要な計算が大幅に単純化されたために運用可能になった。マーコウィッツのMPTは運用事業体ごとのリスク計算が必要だが、CAPMは違った。不正確であるにもかかわらず、正確性は申し分ないと論じられた。[28]そういった意味で、CAPMはMPT同様、行為遂行的である。価格を形成するために用いられ（少なくとも出発点はそうである）、使われるからこそ力を持っている。

CAPMでは、リスクは資産のβ、すなわち市場の変動性と比較した変動性の分散によって決まる。バーンスタインはペロルドの言葉を引用し、「……ポートフォリオ内の別の投資によって分散されるリスクは、現実的にはリスクではない」と言う[29]。つまり、リスクはシステマティックリスクである。MPTとCAPMが認めるファクターは、分散できない市場のβである。だが、CAPMの歴史では、その後もファクターの発見が続く。ファーマとフレンチは最初に3つ、次に5つのファクターを発見した。たとえば、規模、簿価時価比率、収益性などだ。スマートベータ投資は、MPTとCAPMの知見を取り入れているが、ファクターを検証し、選択する際には、MPTとCAPMの仮定を重視していない。本稿執筆時点で、スマートベータには考えられるファクターが382ある[30]。CAPMは規範的かつ行為遂行的ではあるが、MPTと同じく、理論は実践を考慮していない[31]。

損失vsリスク

最近では、MPTの伝統とは無関係な経済学派が、投資家が「すべきこと」（マーコウィッツによる）でも、うまくいくという理由で投資家や市場がふるまうべきと研究者が考えること（フリードマンによる）でも、限定合理性（サイモンによる）でもないことを検証した。それは、行動経済学と呼ばれるもので、現実世界の投資家が実際にどのように行動するかを考える。ダニエル・カーネマンは、エイモス・トベルスキーとのプロスペクト理論に関する共同研究でノーベル経済学賞を受賞した。その理論によって、投資家は経済的な意味で合理的ではないことが証明された（トベルスキーが生きていれば同時にノーベル賞を受賞したはずだと多くの人が信じている）。ふたりの研究は、行動経済学——投資家や市場がいかに「非合理的」かを理解するための分野——の草分けとなった。言い換えれば、経済人《ホモ・エコノミクス》という新しい種《しゅ》を仮定するのではなく、生きて呼吸をしている人類《ホモ・サピエンス》がどのように経済的意思決定をくだすかを理解するための学問だ。

忘れないでほしいのだが、マーコウィッツのＭＰＴの目的はリスク調整後リターンを最大化することである。つまり、経済合理性とリスク回避が主な動機なのだ。カーネマンとトベルスキーは、人々が実際にどのように投資をしているかを研究した。その結果、投資家はマーコウィッツのリスク調整後リターンを最大化する効用関数ではなく、自分が何を持ち、何を失いかねないかに関心を寄せていることに気づいた。つまり、リスク回避ではなく、損失回避である。人間は「明日の百より今日の五十」のことわざ通りに行動するもので、見込みよりも確実性を重視しがちだと論じた。ここから、効用理論、合理的行為者、合理的期待の理論に反する多くの議論が生まれた。[32] 損失か利益かという選択のあいだには、それに等しい数字的なトレードオフは必ずしも存在しないのだ。

プロスペクト理論は経路依存性の説得力ある証明でもある。結局、投資家はリスクよりも損失を回避するので、資産をいくらで獲得したかが重要になる。マーコウィッツ的なリスク回避の動機には将来の意見と合理性が求められるが、行動経済学的な損失回避の動機には、過去の売買の意思決定の知識と経路依存性が求められる。

情報と効率的市場仮説――問題のある相互作用

効率的市場仮説（EMH）は、視点がわずかに異なる多くの主要な経済学者によって形づくられたが、共通するのは、未来は不作為であり、市場が上下に大きく逸脱したり、過大評価や過小評価をされたり、統計平均をうろうろするだけだったりという合理的でない動きをした場合でも、それが修正されるという前提だ。効率的市場仮説の重要な要素（より正確には仮定）は、情報が価格に反映されることである（最も強力な効率的市場仮説では、即座に、軋轢を起こすことなく、均等に市場全体に反映される）。だが、論理と同様に証拠も弱い。[33]

ロナルド・ギルソンとレイニア・クラークマンが論じるように、効率的市場仮説の主な弱点は、情報が価格に反映される正確なプロセスを概念的に述べ、経験的に証明している点である。もちろんそれ自体は金融の問題ではなく、人間の理解力、テクノロジー、メディア、情報理論の問題になる。市場効率性の波及効果にはふたつのタイプがあると言われている。情報の効率性と基本的価値の効率性だ。

ひとつめの情報の効率性は、重要な情報はすでに価格に組み込まれているため、トレーダーは市場に勝てないことを意味する。効率的市場仮説とMPTの他の仮定と同じように、情報の効率性は分析を簡素化し、モデルに一貫性を提供するという点で魅力的な前提となっている。だが、それは現実に根ざしていない。情報の効率性における重要な問題は、すべての活動的な市場参加者がプライステイカー（価格受容者）であると想定していることだ。マーコウィッツが論文を書いた1952年当時はそうだったのかもしれない。だが、今日はより水準の高い市場参加者が集まっているため、大口投資家は市場の支配力を活用して、一時はプライスメーカー（価格設定者）になり得る。

技術革新を含む他の市場の進化も、情報効率性の考え方に疑問を投げかける。たとえば、取引所に共同設置しているコンピュータは、「レイテンシ」、すなわち通信の遅延時間のせいで変動しやすい価格情報の送信遅れを縮めようとしている。レイテンシは1000分の1秒単位で測られるが、頻繁に取引をするトレーダーでも、共同設置のコンピュータがあれば、情報の利点を得るのには十分だ。21世紀初期の高頻度取引のトレーダーと、ツイッターのタイムラインから市場動向の情報を得ている投資家は、情報効率性の仮定に反して、どの市場参加者よりも早く情報を得ることの価値を認識している。もし、情報効率性が、単純化された仮定ではなく、実際に資本市場の基本的な特性であるなら、インサイダー取引を法律で規制して、競争の場をできる限り公平に保つ必要などないだろう。そうした法律の存在は、市場全体の真の情報効率性は達成できないことを暗に認めているのだ。

　市場の集中化や情報の効率性に対する技術上の課題は効率的市場仮説の開発後のものだとしても、情報の効率性が達成不可能であることを示すもうひとつの厄介な事実がある。裁定取引《アービトラージ》の存在だ。市場はやがてみずからを正すという効率的市場仮説の支持者の言葉は優雅なものだが、裁定取引の機会を生む個々のアノマリーは、永続的（あるいは少なくとも半永続的な）市場の特性であるアノマリーの集合ではなく、一度限りで、すぐに修正されることを意味する。だが、自己修正の仮定は、裁定取引の機会が次々と、比較的すぐに提供され、それが市場にとって未知の新しい機会へ置き換えられるということでもある。とはいえ、長期間、存在し続ける裁定取引の機会もある。最後には終わりを迎えるが、一時的な状態なのか、永続的な状態なのか、つまりアノマリーが起きている非効率的市場か、完璧な価格がついた効率的市場なのかが判断つかないほど何年も続くことがある。裁定取引が何十年も続いた例は、転換社債の裁定取引（より一般的には資本構成の裁定取引）で、株式と債券市場間の非効率な情報伝達に依存したせいで起きた。

　ふたつめのタイプは、基本的価値の効率性だ。これは、市場が情報に迅速かつ正確に反応するだけでなく、証券の価格は経済的価値（たとえば割引キャッシュフローなど）を反映しているというものだ。[34]ここでの情報は、知識と行動するための知識を仲介なくもたらすことが前提となっている。一方、情報科学の大半は、情報には解釈が必要だと指摘する。すなわち、同じ「情報」にもとづく行動は多種多様であるということだ。

マルキールはこう書いている。「……ここで主張するのは、市場価格の構造には貸借対照表や損益計算書にあるような公開情報はすでに織り込み済みということだ……〔つまり〕こうしたデータの分析は無駄である」[35]。会計士や会計事務所の数と彼らの請求額や、資産保有者や資産運用機関に雇われたアナリストの数を考えれば、こうした情報が、完全に形成されたゼウスの頭部になるのだろうか。それどころか、どうしてこうした不一致（「理性のある人々が異なる行動をする」）が起こるのだろうか。効率的市場の仮定自体は、すべての情報が知識であることと、すべての情報が既知、あるいはほぼ既知であること、というふたつの仮定の上に成り立つ。だが、情報は知識ではないし、知識の大半には判断が含まれる。すなわち、確かなものではないということだ。それにもかかわらず、効率的市場仮説は価格がつねに正しいと主張しているのではなく、価格が高すぎるか、低すぎるかは誰にもわからないと主張している、とマルキールは論じている。

むしろ、効率的市場仮説は、情報がきわめて効率的に組み込まれ、すばやく売買できないほど（統計的に）無作為であることを示唆している[36]。この主張はふたつのまったく異なる考え方をまとめている。まず、市場よりも知識がある個人はいない（市場自体は「正しく」ないかもしれないが）。次に市場（「集合知」）は情報を取り込むものの、どんな情報が現れるか、またそれが価格にどのような影響を与えるかを誰も予測できないために、無作為とみなされる[37]。最初の考えは正しいかもしれないが、情報を吸収・理解する過程が効率的であることを前提としなければ、情報はつねに価格に織り込まれるわけではない。

実際、その反対が真実であるという証拠がある。マーコウィッツとマルキールの全盛期には、「より良い」情報と分析を得ることは、着実に利益を得られる事象だったため、大手投資銀行は精鋭部隊を組織し、基本的価値に関する情報の非対称性によって起こるアノマリーを利用しようとした。ロバート・ルービンは周知の通り、ゴールドマン・サックスのリスク裁定取引の担当から同社会長に登りつめ、その後、アメリカの財務長官になった。その過程で、同様にリスクと統計的裁定取引（および従来のアクティブな銘柄選択）を行っていた、未来のヘッジファンドの巨人たちを指導した。[38]

基本的価値の効率性に対する構造的な障害は長く存在する。たとえば、機関投資家の多くは、投資適格債にしか投資が許されない。債券が「ジャンク債」に格下げされれば売却しなければならず、それが市場の混乱を招く。この情報はよく知られていて、こうした「堕天使《フォーリンエンジェル》」債購入に特化した投資家もいる。しかしアノマリーが続くことは、価格形成の際に情報が市場によって非効率的に吸収され続けていることの証しだ。

理論モデルにとっても、情報が比較的公平にすばやく広がり、価格を効率的かつ効果的に決定するという仮定は大胆なものである。

規範的で行為遂行的な理論としてＭＰＴは、合理性、合理的市場、ランダムウォーク、効率的市場仮説を必要とした。それは、客観的に正しいからではなく、ＭＰＴの規範的な枠組みを強化し、計算をしやすくするからだ。効率的な市場がなければ、平均分散を合理的に分析する基準がなくなり、リスクとリターンを最適化したポートフォリオをいかに構築するかを知るための意味のある手段がなくなる。こうした理論では、投資家や資本市場を、あるがままではなく、理論家が望むように描いている。

投資家の合理性、市場の合理性、情報の効率性、ランダムウォーク、効率的市場仮説については多くの文献がある。それらを詳しく説くのは、包括的な文献レビューをするのではなく、ある意味、市場がいかにふるまうかを非常に単純化したモデルであり、MPTを使用可能にしたために人々が信奉している帰納的理論であることを示すためにほかならない。理論モデルと現実の対立は、効率的市場を熱烈に支持するシカゴ大学の経済学者が、道で20ドル札を見つけたときの古いジョークのもとにもなっている。その金はどうなったのだろうか。「そんなことは起こらない」というのが答えだ。「効率的市場理論によれば、もし20ドル札が落ちていれば、誰かが鞘取りをするだろうから」

効率的市場仮説は単純化された仮定である。多くの意味で、完璧な神話だ。理解が容易で説明力があり、そして間違っている。

世界は変わり、市場は進化する

機関化現象――資産の集中化の問題

マーコウィッツが検証した資本市場は、今日、わたしたちが見ているものとは大きく異なる。1950年代から1980年代初期の市場は、個人投資家が大半で、機関投資家による投資規模は小さく、オーナーシップ（所有権）の集中もほとんどなかった。その頃の資産運用機関は、株式と債券のアクティブな選択者だった。パッシブ運用によるインデックスファンドを買って投資できるようになったのは、1973年になってからだ。デリバティブは存在したが、限定的だった。金利先物取引がはじまったのは1975年だ。コンピュータを使っての計算は金がかかった。インターネットが力を持つようになるのは何十年も先のことで、投資家は、新聞に掲載された細かい文字の株式欄で終値を確認した。

そうした状況が何十年も続いた。市場の構造はMPTが明確に仮定したものではなかったが、これがマーコウィッツの知る資本市場だった。集中化、国営化、コンピュータ化、グローバル化などの市場構造の進化は広く言及される一方で、市場構造とMPTが比較して分析されたことがほぼないのは驚きである。

マーコウィッツがMPTを提唱したとき、機関投資家が保有する株式はアメリカ市場ではわずか8パーセントだった。[39] それが2020年代になると、機関による保有や管理・運用（たとえば日本のＧＰＩＦ〈年金積立金管理運用独立行政法人〉、ノルウェー中央銀行、ブラックロック、バンガードなど）が上場企業株のおよそ80パーセントを占めている。[40] 保有の構成はさまざまなものの、こうした先例のない集中化が多くの分野で起きている。新興国市場の一部は身内や非公開グループが支配している一方で、先進諸国では大手の資金運用機関やアセットオーナーが支配する傾向にある。[41] 投資の機関化は通常、機関投資家による保有の集中化の進展と同時に起こる。たとえば、イギリスとアメリカでは、大手20の機関所有者が流通株式の55パーセントを保有しており、これは歴史的に先例がない[42]（資産の保有と管理・運用が機関に集中していることから見ると、究極の投資家自身が集中化されていることは注目すべきだろう。たとえば、アメリカの家庭の超富裕層の10パーセントがアメリカ株式市場の84パーセントを保有するか、その恩恵を受けている[43]）。

集中化は重要な問題である。マーコウィッツが論文を書いた当時は、ひとりの投資家の影響力は取るに足らず、他の投資家の影響によって帳消しにされた。こんなふうに考えてみるといい。もし、あなたが部屋のなかを横切れば、月に対する地球の引力になんらかの影響を及ぼすが、そんなことは誰も気にしない（もしかしたら天体物理学者は気にするかもしれないが）。なぜなら、影響は観察できないほど小さいうえに、誰かがどこかで反対の方向に歩けば帳消しになるかもしれないからだ。同じ理由で、マーコウィッツとマルキールはひとりの個人の投資が市場全体に与える影響を無視した。「ランダムウォーク」仮説が「はたらく」ようになるには、市場の投資家のばらつきが必要である。なぜなら、個人がプライステイカーであるという単純化された仮定は99・

999パーセント正しく、残りは重要ではないので、気にする必要がないからだ。だが、集中化が進んだ市場では、大口投資家の売買は、とくに同じような行動がいくつも行われれば、価格に影響を及ぼす。それゆえ、「リスクオン、リスクオフ」市場が生まれた。

コンピュータ・複雑性・密結合

資本の機関化は迅速かつ劇的だったが、資本市場を一変させたと思われるもうひとつの革命がある。1956年から2015年のあいだにコンピューティング能力が1兆倍になったことだ。[44] 1兆倍といわれても想像できないだろうから、いくつか例を挙げよう。1969年、人類初の月面着陸で使われたアポロ誘導コンピュータは任天堂のゲーム機2台分の計算力しかなかった。1970年代、データを保存する場合、重量1トンで16平方フィート（約1・49平米）のIBMの機器を買わなければならなかった。それでも保存容量はわずか5メガバイトしかなかった。[45] 今日、家庭用コンピュータの5テラバイトのハードドライブの重量は4分の1ポンド（約113・4グラム）ほどで、100ドル程度で買うことができる。[46]

すでに述べたように、高頻度取引や情報の非効率性を利用して利益を得ることは、初期の支持者たちが想像するしかなかった方法でランダムウォーク理論を否定することである。だが、コンピューティング能力は、情報効率性の仮定だけでなく、市場構造の問題にも影響を及ぼし、ランダムウォーク理論にあったかもしれない客観的な真実をさらに過小評価することになる。

『市場リスク――暴落は必然か』の著者であり、リスク・マネジメントの専門家として知られるリチャード・ブックステーバーは、この点を強調し、市場は複雑なシステムであると言う。「複雑性とは、ひとつのイベントが非直線的に、予想もしなかった方向に増幅することである」。工学分野の言葉を用いて、投資市場の特性は「密結合」であり、ひとつの行動やプロセスが次の行動やプロセスにつながり、その増幅を止めるために介入する機会もない」と述べている。[47] ブックステーバーの独自の観察以降、アルゴリズム取引、取引ボット、新しいデリバティブ、上場取引型金融商品などのイノベーションの活用、指数連動型商品へのトレンド、数々の市場開発により、市場価格のダイナミクスは、複雑性の研究を超えたものになっている。

ブックステーバーが述べたように、投資家にとって複雑性の主な課題は、ボラティリティの急上昇や「個々の市場の動きではなく、市場間で同時に起こる大きな予想外の動きである。無関係のはずの市場のつながりが突然現れたり、関連性のあるはずの市場が連動しなかったりする」。つまり、市場は合理的ではなく、価格はランダムウォークのパターンを示さない。ブックステーバーの説明によると「複雑性とは、ひとつのイベントが非直線的に、予想もしなかった方向に増幅することであり……金融市場にとって、複雑性とはデリバティブのことである」。[48]

ブックステーバーは複雑性と密結合が合理的でリスク回避的であることによって、MPTを実践しようとする投資家にどのような影響を及ぼすかを明らかにしている。「投資家は相関関係を頼りにリスクヘッジと分散を行う。うまくヘッジを行ったつもりで、まったくできていなかったことを知ったときほどこたえるものはない」[49]。ウォーレン・バフェットが言うように、もし「デリバティブが金融の大量破壊兵器」[50]であるなら、それは規範的で仮説的な目標ではなく、投資家が現実世界で使えるという意味で、ランダムウォーク、効率的市場、MPTに直接狙いを向けている、とブックステーバーは主張する。彼の論文のタイトルは「無相関という神話」である。[51]

不確実性vsリスク

情報効率性と効率的市場はなぜMPTにとって重要なのか。効率的ポートフォリオを数学によって定義し、期待リターン、期待リスク、期待相関の3つの資本市場の仮定にもとづいて、合理的投資家のために算出するのを可能にするからだ。よって、ここまで合理性への疑問（ケインズ、サイモン、トベルスキーとカーネマン）、価格形成への疑問（市場の集中化の結果の価格形成、ギルソンとクラークマン、情報効率性の欠如）、相関性への疑問（複雑性と密結合）を検証してきた。それではボラティリティはどうなのだろうか？

思い出してほしいのだが、ボラティリティ自体も単純化した仮定である。ボラティリティはふたつの意味で単純化されている。まず、MPTがボラティリティをリスク指標として使っていることは、リスクの源泉には無関心であることを意味する（詳細は後述する）。根本原因を無視すればリスクを低下させて、ポートフォリオの効率性の向上を阻むのはともかくとして、一部の投資家は、ある種のリスクを好んで負い、リスクの源泉に応じて、異なる幅のボラティリティに耐えられる。それはもちろん、合理的ではないが、事実である。たとえば、中央銀行は信用リスクのある債券を所有したがらないが、ある程度のインフレリスクは受け入れるかもしれない。ふたつめの単純化された仮定は、すべてのリスクが数値で表すことができるボラティリティを生むというものだ。

リスクはボラティリティで表される確率だという仮定を捨てれば、フランク・ナイトが100年ほど前に不確実性（確率論的リスクに対して）と呼んだ、より複雑な世界に足を踏み入れることになる。不確実性は、ナシム・タレブがブラックスワン・イベントと呼んだもの（テールリスクは通常算出できない）と同様に、将来にあるイベントが起きるかどうかがわからないことだ。[52] 計算可能な効率的市場の存在を前提にした、将来の価格への合理的期待に関する確率論的ボラティリティは、ナイトやタレブが提唱するような世界に内在する、無限の、最終的には解決できない、不確定な問題を先送りすることになる（資本資産価格モデルのセクションで示した通り、リスクと不確実性が一体になる）。

投資家が一様ではなく、それぞれの情報の入手手段や解釈が異なることを認めれば（限定合理性、ヒューリスティック、量的モデルバイアス、情報の非対称性、プロスペクト理論について考えてみればいい）、市場が、一時的であっても長期であっても、基本的価値を反映することも、仮説的均衡や、振れ幅の中心となる平衡点に達することもないのがわかるだろう。金融バブルやブラックスワン・イベントによって、極端ながら不確実性が明らかにされる（それが事後だとしても）明白な事例には、市場自体が引き起こしたものや、市場の二次的影響（たとえば、２００８年の世界金融危機以前に起こった住宅ローンの証券化）[53]もあれば、市場外の出来事もある。史上最高値を更新したＳ＆Ｐ５００は２０２０年のコロナ禍によって12パーセント下落したが、わずか６取引日後にすっかり元の水準に戻った。[54]

現代ポートフォリオ理論はわが子を食らう

インデックス化とスーパーポートフォリオ

ギリシア神話では、クロノスが権力を維持するためにわが子を食らおうとするが、最強の子ゼウスが父親を打ち負かす。今日、巨神族はオリュンポスの神々の重要な先例とされている。そのオリュンポスの神々も、のちに一神教に負けた。

インデックスファンド――市場のリスク・リターンを抗うことなく受け入れる金融商品――はＭＰＴのゼウスと考えられるだろう。ある意味、インデックスファンドは、ＭＰＴの最も成功した、たくましい子である。だが、インデックスファンドは、ＭＰＴが重要で強力な理論として認められるための究極的な力になりつつも、さらにそれを超える必要があった。将来、ＭＰＴは安定したものではなく、より包括的な投資パラダイムへの重要な暫定的役割を果たしたものとして記憶されるかもしれない。

インデックスファンドは確かにたくましい。1971年、ウェルズ・ファーゴ銀行でビル・ファウスとジョン・マクウォンが効率的で低コストの投資手法として開発し、商品として成功したのがそのはじまりだった。ふたりは、マルキールの理論的著作（および効率的市場仮説）に支えられて、長期的に見れば、市場のリスク・リターンに勝ち続けるアクティブマネジャーはほとんどいない、だが、コストを削減することで、市場のリターンとわずかな手数料を受け入れた投資家は、市場を上回ろうとするアクティブマネジャーを高額で雇うよりも一般的に大きなリターンを得られると論じた。4年後、バンガードの創設者ジョン・ボーグルが小口投資家のためのインデックスファンドを広め、[55] 投資の世界を大きく変えた。[56] 2019年時点で、インデックスファンドによる運用資産はおよそ8・5兆ドルに達し（39パーセントほどがアメリカの長期の合同運用ファンドである）、10年前よりも18パーセント増となった。実際アメリカでは、2009年に合同運用されているファンドはすべて指数連動型の商品である。[57]

ジェフリー・ワーグラーは、インデックスや指数連動型投資の急成長（2010年当時ですらすでに明らかだった）が株価およびリスクとリターンのトレードオフを歪めたと論じている。インデックスファンドの成長による影響のひとつは、ワーグラーが「スーパーポートフォリオ」と呼ぶ現象だ。これは、同様の投資哲学と（MPTにもとづく）商品とテクニックによって暗黙的に結びついている多くの株式とポートフォリオの価格が、状況に対して同じ反応を示すことで、事実上、共動することである。[58]

ワーグラーはこれを「インデックスインクルージョン効果」と呼び、問題のはじまりにすぎないと語る。インクルージョン効果は1回限りの単発のイベントだが、たとえばS&P500に新たな企業が追加されたり削除されたりすると、1年のうちに何度も起こる可能性がある。長期的により重要なのは、彼が共動と剥離効果と呼ぶものだ。共動についてクラエッセンとヤフェは「……企業の収益率が、より大きなβと市場のリターンの説明力に反映され、インデックスを構成する他の企業と共動して上昇する」ことだと記している。言い換えれば、個別の銘柄が、実際の基本的な財務的・経済的な状況とは関係なく、指数の動きに乗っかることになる。[59] インデックス投資は効率的市場仮説にもとづくが、通常は、指数を構成する株式すべての名前を知らない投資家によって行われるという事実はある種の皮肉でもある。それは効率的市場仮説が投資家と市場の合理性およびマルキールが仮定する情報効率性を必要としていることを基本的に否定するからだ。

剥離効果は、共動と関連し、指数の構成銘柄が市場から乖離することを示す。S&P500に組み入れられたことによって起こる、ワーグラーの言う価格剥離のプレミアムは、1997年には40パーセントになった。[60] プレミアムはそれより小さいという指摘もあるが、それでもプレミアムである。指数に組み込まれたことによってミスプライシングが行われることは、MPTの柱となる平均分散ボラティリティにおいて、ポートフォリオのリスクを評価する妨げになる。

長期的には、効率的ポートフォリオの構築というMPTの目的が、意図せず歪められる。インデックスファンド自体が指数の効率性を正当化するものであり、より多くの資本を引きつけることでサイクルが継続するからだ。[61] ある意味、これによって効率的市場仮説は方向を変え、効率性が失われていくかもしれない。なぜなら、指数（および上場投資信託）は、効率的市場仮説が主張するように、情報によって動くのではなく、みずから市場を動かし得るからだ（スーパーポートフォリオ効果）。そうなれば、非効率的市場仮説と呼ぶほうがふさわしいかもしれない。

スーパーポートフォリオは、サリバンとションが明らかにしたように、ほぼ本質的に、市場を動かすことができる。「そうした取引の共通性は全体的な需要においてシステマティックな変動を起こす。それが、結果的に、市場全体と投資家のポートフォリオに影響を与える。つまり、パッシブ運用による株式指標の取引の拡大は、市場のシステマティックリスクを引きあげることになる」[62]。これは、投資は原子論的、確率論的な、無作為なものであり、システミックリスクはポートフォリオの動きとは無関係のものだというMPTの核となる考え方に反する。

まとめると、MPTは指数化の知的基盤を提供したものの、理論自体が、とりわけ大型投資家の集中化が進む状況下で、広く取り入れられることによる影響は想定していなかった。これは論理的誤謬であり、一部に当てはまることが、全体にも当てはまると仮定する合成の誤謬である。MPTは集中度の低い市場で、投資家の多く、あるいは大半がMPTの戦略やテクニックを使っていない場合は、ある程度うまくいくかもしれない。仮に、集中度の低い市場でも、多くの投資家（50パーセント？　80パーセント？）が似たような情報に対して、似たような行動をすれば、ティッピングポイント（転換点）に達する。これはランダムウォーク仮説の背後にある一要素だが、すでに指摘したように、各投資家が他の投資家の実際の動きを無視するか、知らないかが前提となる。経験的にそういったことは起こらない。これは、人間の本質と、たとえばニュートンの物理モデルとを比較して、ポアンカレが指摘したことでもある。行為者がさまざまな意味で相互に依存していることを考えると、無作為性は作用しないし、もちろん、純粋かつ完全な形においても作用しない。現在、市場の集中度が大幅に増していることを踏まえれば、合成の誤謬は、集中度の低い市場でより大きい。

現代ポートフォリオ理論による現実世界へのインパクト

インデックスファンドの成長は、金融市場だけでなく、現実の世界にも意図せぬ影響を与えた。主要な投資インデックスへの組み込みと企業の所有権の同時変化（指数連動商品への資金流入で表される）が、構造と戦略の両面でコーポレートガバナンス（企業統治）に多大な影響を与えることを明らかにしたふたつの研究がある。指数に組み込まれることは、社外取締役の増員、買収防衛策の変更、議決権をより平等にするなどコーポレートガバナンスを根本的に変える。研究開発の予算さえ変わる。[63]

インデックスファンドを通して、または単に投資家が何百何千もの証券を選択することによって、分散が広く取り入れられたことと資本の機関化は、金融市場と証券の発行者だけでなく、投資家の少なくとも一部に影響を与えた。投資家の多くはもはや自分たちを、MPTによって最小分散ポートフォリオを構築しようとするストックピッカーやアセットアロケーターではなく、ユニバーサルオーナー（たとえばノルウェーの政府年金基金グローバルや日本のGPIF）とみなしている。

ユニバーサルオーナー仮説（本書執筆者のひとりであるジェームズ・P・ホーリーがそれについて著している）は、資本市場の先にある現実世界を見据えている。[64] ユニバーサルオーナーシップの核となる前提は、広く分散化した大口のアセットオーナーと資産運用機関が、必然的に、ポートフォリオに組み込まれている各企業の正と負それぞれの経済的外部性を、ある程度、内在化しているということだ。負の外部性は準最適な経済的成果に役立つ。なぜなら、外部性は本質的に市場の失敗だからだ。ユニバーサルオーナーは、市場に代表されるように、経済全体の代表的な断面を多かれ少なかれ保持しているため、負の外部性を最小化あるいは軽減することや、正の外部性を促進することに経済的（そして広く社会経済的）な関心を持っている。

注意してほしいのだが、これは経済的な議論であり、相対的な金融の議論ではない。つまり、市場βを下回ったか上回ったかを計測する金融市場を基盤とするベンチマークを含む金融の議論ではない。MPTにとってユニバーサルオーナーが示すのは、分散されたポートフォリオの業績を、平均分散リスクとパフォーマンスの特性ではなく、ポートフォリオの構成企業の実際の非財務的業績に対する、あるいはそれによる影響と結びつけることだ。

ＭＰＴは、数学を現実世界から隔絶し、ボラティリティの根本原因となるリスクではなく、ボラティリティそのものに注目しているため、その取り組みには不向きである。そこで第2章ではＭＰＴのパラドックスについて見ていこう。

第2章 The MPT Paradox

現代ポートフォリオ理論のパラドックス

現代ポートフォリオ理論の問題点

投資の目的とはなんだろうか？　引っかけ問題ではない。あまり問われないことだが、問われるべきことだろう。目的がなければ、成功か失敗かをどう判断すればいいのだろうか。殿堂入りした元野球選手ヨギ・ベラはかつてこう言った。「どこへ行こうとしているかがわからなければ、おそらく目的地にはたどり着かない」[1]。同じことが投資にも起きた。どこか別の場所に着いてしまったのだ。

「別の場所」、すなわち現代ポートフォリオ理論（ＭＰＴ）が投資家の目的地として支持する最小分散ポートフォリオは、奇妙な場所だ。どういうわけか金融市場が現実世界から切り離されている。リスクをボラティリティとして表すことが重要視されるのに、気候変動、カントリーリスク、感染症の流行といったリスクの原因は計算の際に考慮されず、成功は、家を買ったり、快適な隠居生活を送ったり、雇用の増大に資金を提供したりすることではなく、Ｓ＆Ｐ５００などの国内資本市場のベンチマークの収益率を基準に測られる。その結果、資本市場、非金融経済、より広い経済と社会のあいだに深刻な溝が生まれた。エデルマン・トラストバロメーターの信頼度調査によると、金融サービス業界は過去5年にわたってどの業界よりも信頼度が低かった。[2]

投資には、MPTの目的とは異なる、ふたつの主要な目的がある。ひとつは投資家のため、もうひとつは社会や経済全体のためだ。[3]投資家にとって、投資はリスク調整後リターンを提供するべきものだ。投資家が個人であろうと多国籍企業であろうと、それは変わらない。目新しい意見ではないかもしれないが、これから見ていくように、真のリスク調整後リターンは、MPTが定義する最小分散ポートフォリオとは大きく異なる。社会と経済にとって投資は市場主導で、分散型の資本を配分する手法だ。アダム・スミスの「見えざる手」である。金融システムは、預金者から資金を集め、それを使って、第3代ロスチャイルド卿の言うように「現在のA地点から、必要とされるB地点まで金を動かす」手助けをすることである。[4]ロスチャイルド卿は銀行業について言及したが、金融システム（資本市場、プライベート・エクイティ・ファンド、ダイレクトトレンディング、その他の金融機関などを含む）の進化にともない、銀行は仲介（金融資本を集め、再利用すること）を独占しなくなった。アダム・スミスの見えざる手は指数関数的に大きくなった。[5]これもまた、MPTによる資本配分と大差ないように思えるかもしれないが、そうではない。投資家がシステミックリスクについての考え方を変えれば、資本配分も変わるのだ。

仲介については第4章で掘り下げるが、ここでは投資家にとってのリスク調整後リターンの創出に目を向けよう。

すべての投資家が同じようにリスクを許容できるわけではない。おそらくそれ以上に興味深

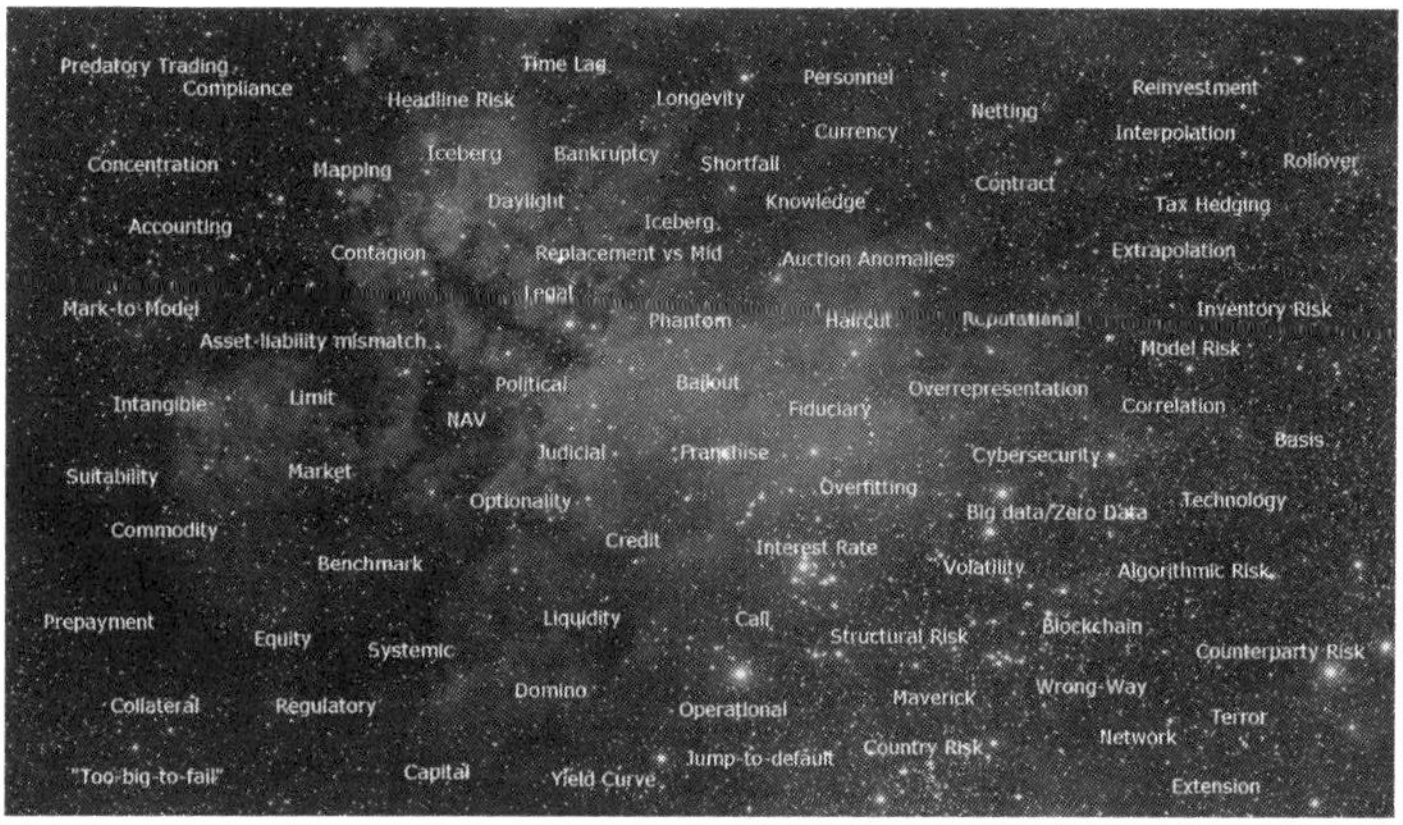

図 2-1「リスクの銀河」

©Capital Martes Risk Advisors

いのは、すべての投資家がある金融リスクの原因を、同じように見ているわけではないことだろう。投資家は多種多様なリスクに対してある種の嫌悪感や親近感を持ち合わせているため、特定のリスク回避およびリスク受容行動のパターンが生まれる。

たとえば、銀行は流動性リスクをとりたがらない。預金者が預金を引き出したいときに現金が不足すれば、「取り付け」騒ぎが起こり、銀行全体が機能停止に陥る。対照的に、ある程度予測可能な長期の負債とキャッシュフローがある基金や財団は、収益性を求めて流動性の低い資産への投資を好む。中央銀行であればなによりも信用リスクを嫌う。相手国が返済できないとか、返済する気がない場合には、元本割れを起こしてしまうからだ。コンサルタント会社のキャピタル・マーケット・リスク・アドバイザーが示す通り、リスクにはさまざま原因がある（図2-1「リスクの銀河」を参照）。

注記しておきたいのだが、この図に示されたリスクがすべてではない。だが、第1章で論じたように、投資家は実質的には無制限の異なるリスクを求めたり回避したりしようとしているにもかかわらず、MPTではこの数あるリスクの源泉をボラティリティという単一の指標にまとめてしまう。多くのリスクは、既知であろうと未知であろうと、MPTには関係ないのだ。わたしたちは人として、景気の後退に苦しむ労働者や、所得格差による社会的緊張、ジェンダー・人種・民族・性的指向の差別による本質的な不平等、また紛争地域で命を落とした人や生活を破壊された人を気にかけることもあるだろう。ところが、MPTは非情だ。MPTがボラティリティの原因として気にかけるのは、値動きと関係するのかしないのか、みずからのボラティリティを上昇させるのか下降させるのか、だけである。

MPTの見えざる視点からすれば、それも当然なのかもしれない。最大の強みである分散は、ある企業の経営陣が戦略を実行することで生まれる特異リスク（イディオシンクラティックリスク）にのみはたらくからだ。その一方で、気候変動や世界規模の金融危機など、すべての、あるいは多くの証券に影響を及ぼすシステマティックリスクに対処するツールを提供しない。システミックリスクの原因と、その結果として生じる資本市場への分散不能なシステマティックな影響には関心がないので、それに対処する能力についてはいっさい考慮しない。MPTには分散不能なシステマティックリスクを分散・回避・低減するためのツールがないのだ。リスクを小さくするために、こうしたリスク源に対処するという考えは、持ち合わせていない。だが、このあと見ていくように、こうしたシステマティックリスクは、株式A対B、債券X対Yを定義する特異リスクよりも投資家にとって重要である。

実際、MPTの問題のひとつは、投資先の分散の力を喧伝しながらも、投資家にとってシステマティックリスクを低減する方法がないために、ときに見境のない分散化を後押ししてしまうことだ。つまり、投資家は分散不能なシステマティックリスクに直面している場合でも、分散に頼る羽目になる。これには「かなづちしか道具を持っていなければ、なにもかも釘であるかのように扱いたくなる」という心理学者アブラハム・マズローの言葉が当てはまる。[6] このような場合、分散は助けにならず、むしろ害になる。なぜなら、MPTが証券に対する誤った理解を与えるせいで、投資家や他の金融市場の参加者には、増大するリスクが見えなくなるからだ。そのせいで、図らずも他の投資にまでリスクが伝播し、システミックリスクが金融システム全体に広がり、資本市場と実体経済のあいだでリスク拡大の連鎖が始まり、その結果、さらに分散不能なシステマティックリスクが作り出される。システマティックリスクへの対処を分散に頼ることは、ブーメランを投げ続けることに似ている。投げても戻ってこないうえに、飛びながら大きく、速くなっていく。これは他の多くのファクターとともに、2008年から2009年にかけて起きた世界金融危機の原因のひとつとなった。ある観察者たちがこう記している。

「多くのローン組成者は創設したローンの質ではなく、数によって報酬を得た。彼らは申請書類を簡素化しはじめた……〝うそつきローン〟である。彼らは分散化の魔法によって守られていると考え、ローンの大半を売り、何千分の一、あるいは何十万分の一かのトランシェだけを保有した。なんの問題があろうか？……分散が、慎重な戦略から、ずさんな貸し付けを正当化するものになった……システムの健全性は〝仕事をしっかりやってくれる人〟にかかっている」[7]

要するに、無分別な分散は、思慮深さのかわりにはならないのだ。

世界金融危機の例が示すように、MPTの数学は、現実世界から隔絶されたものであり、市場と市場参加者が正しいことをするという規則性の前提に立っている。[8]環境・社会・金融システムに対するシステミックリスクが体系的に現れてくると、個々の証券の価格は一方向へ動くために、分散の意味がなくなる。こうした状況でリスク管理を主に、あるいは単に分散に頼れば、大惨事になる。ただし、分散が不適格なわけではなく、分散には限界があるということだ。システマティックリスクの課題に分散を適用すれば、失敗するのは当然である。MPTは、システマティックリスクに対処するために設計されたものではないからだ。

これは、マーコウィッツが論文執筆当時に考えていた以上に大きな問題かもしれない。資本市場のベンチマークに対して定義されるリスクとしてのβは、システマティックリスクファクターから構成され、特異リスクについては説明できない。とはいえ、こうした相関のない特異リスクは分散の影響を受ける。

「スマート」ベータ、すなわちファクター投資はβを株式のスタイル（たとえばバリュー、グロース、モメンタム）、サイズ（マイクロ、小型、中型、大型、巨大資本）、その他のファクター（たとえば質、より最近では環境・社会・ガバナンス（ESG））といった固有リスクのエクスポージャーに分解する。類似のファクター（債券の信用格付や不動産の資産タイプ）は他の公募証券市場で起こる。

だが、スマートベータを踏まえたとしても、特異リスクの分散を勧めながらも、分散不能なシステマティックリスクを受け入れるMPTの枠組みは変わらない。従来のインデックス投資家が市場のβを受け入れるのと同様に、リスクファクターを切り刻む投資家もスマートベータをただ受け入れる。「賢い《スマート》」ベータの知性をより良くしようとはしない。MPTは、外部から遮断された数学的バブル内では、それが不可能だと考えているのだ。

α／βの枠組みにかかわる5つの問題

従来の観点から、α／βの枠組みには5つの問題がある。最初の4つは単に大きなものだ。

1　αではなくシステマティックリスクがリターンのほぼすべてを決める
2　βは数学的な定数ではあるが、現実世界では決して一定ではない
3　αにこだわると、資産運用業界とその業界に資金を託す人々とのあいだにズレが生じる
4　αとβは排他的ではなく連続体であり、時間とともに変化するリスクは「α」寄りか、「β」寄りかで説明される

５つめの問題は非常に大きい。わたしたちはそれを「現代ポートフォリオ理論のパラドックス」と呼んでいる。この問題によって、この先賢明な投資をするにあたってＭＰＴは十分な役割を果たせるのかどうか、根本的な問い直しがなされている。実際、投資という行為がどのような活動で成り立つのかという疑問に挑んでいる。ＭＰＴのパラドックスをさらに深掘りする前に、最初の４つの問題を検証しよう。

1　αではなくシステマティックリスクがリターンのほぼすべてを決める

αが投資家にとって重要ではないということではない（投資家はプラスのαだけを求めるが、総市場ベースではそれは不可能だ）。だが、市場のリターンがシステマティックリスクによって決まるとなれば、巧みな分析や取引やポートフォリオ構築によって練られた、考えられるシナリオはほぼ台無しになる。数多くの研究が示しているように、ひとりの投資家のリターンのばらつきの75パーセント以上は、システマティックリスク――βと投資家がそのβにどれだけのエクスポージャーを持っているかの組み合わせ――によって引き起こされる。これを論じた影響力ある研究はゲイリー・Ｐ・ブリンソン、ランドルフ・フード、ギルバート・ビアバウワーによるものだと一般的に考えられている。[9] 彼らは年金基金を対象に、そのリターンのばらつきの93・6パーセントを資産クラスの選択――株式、債券、現金などをどのように組み入れるかの選択――によって説明できることを突き止めた。ロジャー・イボットソンとポール・カプラン、またクリス・ヘンゼルとドン・エズラとジョン・イルキウによるさらなる学術研究は、特定期間の市場の動きがリターンのばらつきの大半を説明すると論じる。[10]これらの分析は、資産配分《アセットアロケーション》なのか、一定期間の市場の動きなのかで結論は異なるものの、システマティックな影響がリターンのばらつきの多くを決定するという点で一致している。イボットソンがとりあげた例では、リターンのばらつきの75~94パーセントはシステマティックリスクファクターで説明がつく。[11]

2　βは数学的な定数ではあるが、現実世界では決して一定ではない

βはポートフォリオのリスクを測る基準である。ポートフォリオを構築している資本市場のリスクとリターンは、任意の数学的な定数1・0として示される。[12]保有する各株式、各資産グループ（あるいはサブポートフォリオや資産クラスなど）もβを持つ。S&P500、MSCIオール・カントリー・ワールド・インデックス（ACWI）といったベンチマークで示される市場のβは1・0であり、「リスクの大きい」あるいはボラティリティの大きいポートフォリオのβは1・0を上回り、リスクの小さいポートフォリオのβは1・0を下回る。市場に反する動きをするポートフォリオ（市場が上昇すればポートフォリオが下落する、あるいはその逆）のβはマイナスになるとされる。ここに問題がある。この1・0という数字は、資本市場の一部や、時間の経過によって変わる現実世界のリターンにおいて何を表しているのか。ポートフォリオにとって、βは大きいほうがいいのか、小さいほうがいいのか。たとえばS&P500のリターンは、2019年には31・5

パーセント増加したが、２０１９年はβが大きいほうがよかった（市場よりも大きなリターンを得られる）が、２０１８年には４・４パーセント下落した。[13] つまり、２０１８年にはβが小さいほうがよかったし、（市場よりも損失が小さくなる）、さらに言えば、マイナスのほうがよかった。つまり、市場のβは現実世界のリターンがどうなるか、どうなったかについて何も語らない（ＭＰＴ内の閉じられた）内部観測なのである。市場とどのような関係を持つポートフォリオにしたいかさえ教えてくれないのだ。

３　αにこだわると、資産運用業界とその業界に資金を託す人々とのあいだにズレが生じる

αは、ポートフォリオを選んだ証券ユニバースの全体的なリスクとリターンに対して、いかにうまく証券を選定してポートフォリオを構築したかというポートフォリオマネジャーのスキル評価になる。とはいえ、投資の目的は電子取引のプラットフォームに定義されたユニバースを超えたところにある。現実世界の投資の目的は、リスク調整後のリターンを生み出すことによって、富を構築・維持することになり、負債を相殺《そうさい》することにある。ところが、ベンチマークと相対リターン中心のＭＰＴの数学は、そんなことはお構いなしだ。

定年後やマイホーム購入、休暇のための資金を貯めている平均的な投資家について考えてみよう。アメリカの大型株に１００ドルを投資したところ、Ｓ＆Ｐ５００が10パーセント下落した。だが、投資家の資金を運用するポートフォリオマネジャーのポートフォリオは８パーセントしか

下落しなかった。ビジネス的に説明すると、ポートフォリオマネジャーは市場を上回り、200ベーシスポイントの超過リターンを生み出したことになる。

マネジャーは称えられ、たくさんのボーナスをもらえるだろう。市場に勝ち続ければ、ピーター・リンチやビル・ミラーと同じく、ビジネス誌の表紙やテレビ番組（今ではポッドキャストやソーシャルメディアのフィード）に登場するようになる。ベンチマークを上回ったことでスターになるのだ。だが、そんな目標は誰のためなのだろうか？　資産運用機関？　それとも投資家？　苦労して稼いだ金を託した投資家の手元には、払った1ドルに対して92セントしか戻ってこず、引退も、マイホーム購入も、休暇も遠ざかる。最初の原則に戻れば、資産の管理・運用の目的は、投資家の現実世界のニーズに照らして、投資の最適な、あるいは少なくとも許容可能なリスク・リターン特性を構築することだ。これはつまり「ベンチマークに対する相対的α」ではなく、総合的なリスクとリターンを意味する。

投資の羅針盤であるα、相対リターン、ベンチマークへのこだわりは、リスクを計測する効率的フロンティアに沿った効率的な資産の管理・運用という本来の投資目的に対する設定の誤りである。絶対的な効率性は、非金融の実体経済や投資家のニーズや欲求から切り離されたベンチマーク調整後の効率性に組み込まれるようになった。相対リターンへの注力を強化するような用語さえ存在する。ポートフォリオのリターンがベンチマークからどれだけ逸脱しているかを計測するトラッキング「エラー」だ。まるでベンチマーク（1・0のβを持つこと）がつねに望ましいリターン水準の規範であり、そこからの逸脱は問題があると言っているかのようだ。目的がリスク調整後リターンを提供することであれば、リスクとリターンのわずかな部分を説明するリターンの一部を重視することに意味があるのだろうか。αにこだわるのは自己言及的であり、投資と目的を乖離させる。

4 αとβは排他的ではなく連続体であり、時間とともに変化するリスクは「α」寄りか、「β」寄りかで説明される

ＭＰＴではαとβを別個のもの、互いに排他的なものとみなし、αを「ポートフォリオのβとは異なるパフォーマンスを表す」と定義する。[14] αの算出式（α＝リターン－［リスクフリーレート＋（市場のリターン－リスクフリーレート）β］）でさえ、その区別にのっとっている。学問的にはαはシステマティックリスクファクターでは説明できない残余パフォーマンスである。[15]

だが、コンピューティング能力が爆発的に向上するにつれて、アナリストは、以前は特異なファクターと考えられたものによって生じたリターンを「スマートベータ」「ファクター」「エクスポージャー」などのカテゴリーに移動させてきた。今日では、ゲイリー・ブリンソンやロジャー・イボットソンがリターンを研究した当時よりも、システマティックリスクのエクスポージャーによって得られるポートフォリオのリターンについて、多くを説明できるようになっている。その結果、総リターンをαとβに分けるのはより微妙で複雑になる。なぜなら、βを構成す

るものがより微妙で複雑だからだ。そのため、投資家は純粋な「α」をほとんど得られない。こうしたことが他の発展とあいまって、ポストMPTの時代と呼ぶものに貢献している。

かつてはαとβを隔てる壁は岩のごとく固かったが、長い時間をかけてαとβが互いに流入し合う半透明の膜へと姿を変え、さらに進化し続けている。これはポストMPT時代の重要な側面だ（ほかにも、システミックリスクの認知とともにESGとその多くの構成要素がある）。ストックピッカーがアウトパフォームをもっともらしく「α」と呼んでいた50年前は、小型グロース株のポートフォリオを選択することができた。銘柄選択のスキルを称えられもしただろう。小型株効果やグロース／バリュー投資スタイルの影響もさほど認知されておらず、ポートフォリオは、同様のリスクを持つストックトレードの集まりではなく、一連の特異リスクによって構築されていると考えられていた。

今日、市場インデックスと比較したパフォーマンスの違いは、実質的にすべてシステマティックリスクファクターによって説明される。小型グロース株のポートフォリオに対して、経験豊富な観察者はその「市場」により適したベンチマークを選択する。そのポートフォリオのリスクエクスポージャーに適したものだ。さまざまなファクターから生まれるすべてのパフォーマンスはベンチマークに含まれているため、「α」はおそらくゼロに近づく（あるいはマイナスになる）。

実際のところ今日では、そういったパッシブ運用のインデックスファンドを買うことができる。これは突飛な考え方ではない。ウォーレン・バフェットは、ポストMPT時代の傑出した投資家のひとりだと考えられている。しかし、彼の投資をファクター別に分解すると、質、企業規模、バリュー、低ボラティリティといったファクターをオーバーウェイトし、グロースや配当利回りなどのファクターをアンダーウェイトしている。理論上の「擬似因数（ファクター）を用いた」ポートフォリオは、1991から2017年までのバフェットのリターンをほぼ再現しており、αはほとんどなかった[16]。

バフェットの投資スキルを批判しているわけではない。αはほとんど意味がなく、αと考えられているものは実はそうではないことが多いと言いたいのだ。この研究の著者が指摘している通り、バフェットは「ファクター選択、マルチファクターポートフォリオの構築、長期間のファクターミックスの受け入れにおいて先例のないスキルを示してきた」。つまるところバフェットは、自分の仕事はαリターンやファクターリターンではなく、総リターンを生み出すことだと理解している。ただのリターンである。そして、スマートベータエクスポージャーを適切に組み合わせた証券を選択することで、それを実現した。

ヘッジファンドは、以前はαに寄与すると考えられていたものがβに変わったファクターを示すもうひとつの例である。初期のヘッジファンドは、持続的なアノマリーを利用してきた。ロンドン・スクール・オブ・エコノミクスの教授は、ヘッジファンドが恒常的に「α」を生み出すのに利用してきた40のアノマリーについて調べた。その結果、そうしたアノマリーはやがて裁定取引によって解消されていくことを発見した[17]。重要な変数のひとつは、アノマリーがどれほど広く市場に認知されるかだった。この場合、アノマリーが学術雑誌で論じられること（市場の認知が加速化すること）が、裁定取引に投入される金額に大きな影響を及ぼした。[18]

αやスマートベータ、あるいは両方の源泉としてのESGファクターの研究の増加など、かつてはαの特異な源泉と考えられていたリスクエクスポージャーが、現在は、システマティックなリスクを構成している例も多い。ベスト・イン・クラス・アプローチからESGレーティング（格付け）の上昇に着目する短期のESGモメンタムポートフォリオまで、ESGファクターのさまざまな利用は、過去10年にわたって従来のベンチマークを上回っている。[19] およそ2200の企業業績の研究を再調査したところ、63パーセントがESGパフォーマンスの改善によってより高い価値を創出した（マイナスにはたらいたのはわずか8パーセントだった）。[20]

より最近では、ESGパフォーマンスの向上が、金融市場ではなく企業業績を改善するという波及メカニズムを解明するための研究が行われており、ESGパフォーマンスの高い企業が5つの点で同業他社と比べて突出した価値を生み出しているとの重要な研究結果もある。「ESGは5つの重要な点でキャッシュフローと結びついている。（1）売上増加の促進（2）コストの削減（3）規制や法による介入の最小化（4）従業員の生産性向上（5）投資や資本的支出の最適化」。[21] ペンシルベニア大学ウォートン校のマネジメントの教授ウィトルド・ヘニシュの別の研究によれば、最初の研究の共著者ジェームズ・マクグリンチとともに、ESGパフォーマンスが、倒産、信用市場と債券投資家に大きな影響を及ぼす信用力の格差といった重要事象および信用リスクと相関することがわかった。[22]

より以前の異なる研究では、ＥＳＧのファクターが強い企業は、資本コスト（負債であれ株式であれ）が小さいことがわかった。[23] 最近の追加研究よると、ＥＳＧのパフォーマンスと企業業績のあいだのさまざまな波及現象が明らかになっている。たとえば、ふたりの学者が新型コロナ感染拡大に直面したときの企業のレジリエンス（回復力）を投資家の信頼に絞って調べたところ、ＥＧＳレーティングが高い銘柄はベンチマークグループよりも劣っていないことがわかった。[24]

セラフェイムとユーンによる別の研究で判明している通り、「価格は経済的に重要なニュースにのみ反応し、肯定的で、より多くの注目を集め、社会関係資本に関連するニュースであれば反応はより大きくなる。企業固有のＥＳＧパフォーマンス・スコアは、社会関係資本および自然資本の課題に関連した将来のニュースを予測する……これは投資家が将来のＥＳＧニュースの期待をＥＳＧパフォーマンス・スコアに織り込んでいることを示している」。[25]

シエナ大学のふたりとオックスフォード大学のひとりによる研究チームは、新型コロナ感染拡大の初期段階で株価を調べた結果、株価のパフォーマンスは、彼らが重要性（マテリアリティ）の強度と呼ばれるものと相関したこと、さらにESGレーティングとマテリアリティの強度の高い企業がこの期間の業績が良かった（悪化が少なかった）ことを明らかにした。[26] もちろん、ほんの数カ月間の調査データによる発見は証拠にならないが、新型コロナ感染拡大による変化の大きさを踏まえれば、きわめて暗示的である。とりわけ、カリフォルニア大学バークレー校、チューリッヒ大学、およびステートストリート・アソシエイツと共同研究をするハーバード大学の学者による別の研究でも同様の結果が得られていることを考えると、なおさらである（どの研究も使った手法は異なる）[27]。

ＥＳＧ関連の強みによる現実世界での恩恵を受ける企業が、高業績のＥＳＧ企業が構成するべンチマークに含まれているＥＳＧファクターを考慮しない企業よりもすぐれたパフォーマンスを発揮できる程度に、ＥＳＧ「α」は、各企業の株式に組み込まれている。ただしこれは、大半の人が資本規模や成長度といったファクターのシステマティックな性質を認識していなかった半世紀前の市場と同じように、今日の市場参加者の多くがこういったＥＳＧの利点を広く認識していないことが前提にある。言い換えれば、効率的市場仮説を支える情報効率性の仮説に大きな欠陥があるということだ。これはまさに、ＥＳＧαが存在するかどうかを確認するためにフリーデが行ったいくつかの研究でも示唆されている。研究者たちは「投資判断に非財務情報を頻繁に考慮する投資の専門家は4分の1以下にすぎない（EY 2015）し、投資分析においてＥＳＧ基準の考慮のしかたについて正式なトレーニングを受けた世界の専門家はおよそ10パーセントにすぎない（CFA Institute 2015)」と指摘する[28]。

こうした数字が意味するのは、ほとんどの市場がＥＳＧファクターの検証に精通していない（あるいは当時はそうでなかった）ということだ。このような認識不足のおかげで、先行者はそうしたファクターを「発見」できた。そして、そうしたαの追求こそが、αとβが従来考えられていたほど明確には区別できないことを示している。ヘッジファンドがアノマリーの研究を利用したように、ＥＳＧファクター（資本規模、スタイル、収益の質、今日では通常システマティックとみなされる多くのファクター）が早期採用者《アーリーアダプター》に「α」の源泉を提供し、やがてαがかつて大きく認められていた平均に立ち戻ると、それらは市場の「β」を決定するシステマティックファクターになった。グロース株ポートフォリオをＳ＆Ｐ５００ではなくグロースベンチマークに、あるいはハイイールド債ポートフォリオを投資適格債ベンチマークではなくハイイールドベンチマークに当てはめたりするのと同様に、ＥＳＧパフォーマンスのために選択したポートフォリオのリターンをシステマティックなＥＳＧファクターを含むベンチマークと比較すれば、得られるαは小さくなるだろう。

　つまり、ＥＳＧや他のファクターがより大きな市場で認知されるにつれて、「α」の可能性は薄れ、システマティックファクターはスマートベータになり、その後ただの市場βへと変わる。そうした進化の背後にある数学はいくぶんトートロジー的であり、βはベンチマークに対して計測される。したがって、たとえば２０１４年以前に行われていたように、低炭素ポートフォリオをＭＳＣＩオール・カントリー・ワールド・インデックス（ＡＣＷＩ）などの標準的な指標（ベンチマーク）と比較すると、リスクファクター・エクスポージャーにミスマッチが生まれる。よって、低炭素ポートフォリオと標準指数の比較によって生まれるパフォーマンスの差異は、市場のβによって説明できない「残余」であり、ポートフォリオマネジャーはそれが「α」であると主張できる。ところがＭＳＣＩは２０１４年に低炭素株を対象としたＡＣＷＩを発表しはじめたため、そうしたポートフォリオのαは小さくなった。MSCI ACWI低炭素戦略インデックス自体には、ポートフォリオに低炭素排出量の影響が含まれているため、任意のβ値である1・0に含まれるというわけだ。

よって、わたしたちは、αとβを切り離し、別個のものとして考えるのではなく、純粋なαから純粋なβへの連続体として、市場のリターンに寄与する各ファクターとしてとらえる。連続体上のそれぞれの位置は、市場資本がそれをシステマティックあるいは特異なものとして認識して取引を行うために、時とともに変わる。これは経験的にも論理的にも証明されていて、それによるとαはある瞬間に消えるのではなく、一定ではないものの、さまざまな割合で小さくなる。スタイル（バリュー／グロース）、信用度、規模などの成熟した、おなじみのファクターは、β寄りの連続体上にある。最近発見され、データがまだ標準化されていないESGファクターは、α側に近い。

さらに、今日コンピューティング能力が向上したことで、ますます多くのファクターが発見され、システマティックなファクターとみなされている。研究によると、少なくとも382のシステマティックリスクファクターが特定されており、研究者らは（わたしたちも含む）そのうちのいくつかの正当性について深刻な懸念を抱いているが、その多くは実際に強固である。[29]

2018年にモーニングスターは、およそ1500のスマートベータ商品が取引されていると報じている（大口投資家向けの独立口座は数に含まれていない）。こうした商品のほぼ1割が2018年に作られたものだ。[30] 今日のビッグデータ分析の発展と人工知能（ＡＩ）の進化がこうした傾向を後押し続け、スマートベータによるパッシブ商品の規模は大幅に拡大すると予測される。その結果、α（と現在考えられているもの）の一部は裁定取引が行われる。ヘッジファンドのアノマリー研究の結果と一致するわけだ（わたしたちはすべてのファクターはα〈特異のもの〉とβ〈システマティックなもの〉の連続体上にあると考えるが、特記しない限り、ＭＰＴと投資について論じるときは「α」と「β」を一般的な意味で用いる）。

ここで検討すべき疑問がひとつ浮かび上がる。αがβになることができるのなら、その逆は起こり得るのか？　増え続けるリスクファクターが生み出す複雑性と、上場投資信託（ＥＴＦ）、デリバティブ、カスタマイズド・ベンチマーク、その他の資本市場のイノベーション、さらにデジタル化のおかげで投資がより容易になったことがあいまって、資産フローは必然的に、直近の好業績に結びつくシステマティックファクターを追い求めるため、そうしたファクターのなかでリスクオン・リスクオフを繰り返す。では、そうしているあいだにβはαになり得るのだろうか？

これを「固有リスクファクターオン・固有リスクファクターオフ」現象と呼ぼう。前述のウォーレン・バフェットの投資分析が示すように、そうしたリスクファクターへの投資は非常に効果的かもしれないが、超過リターンは特異な残余リスク（残存価値）ではなく、システマティックリスクファクターで説明できるため、実質的には「α」ではない。２０１５年、資産運用会社ステート・ストリート・グローバル・アドバイザーズのロン・オハンリーＣＥＯはこう述べている。「ニューアクティブとでも呼ぶべきものは資産配分にあると考える。ますます多くの投資家が、こうした高度に開発された投資の構成要素を用いるにつれて、それらを資産配分モデルにまとめる必要が生じている」[31]

要するに、αを測る数学は、αをβあるいはシステマティックリスク／リターンと区別できることに依存している。だが、αとβを分けることは市場や分析ツールが変化するにともない変わる動的なプロセスだ。

第一に、βあるいは「スマートベータ」に起因しない残余パフォーマンスはコンピューティング能力が向上するにつれて小さくなり、こうしたファクターが市場に伝達されるにつれてスマートベータは何がシステマティックかを再定義する。1952年にはシステマティックファクターはまだ特定されていなかったため、小型グロース株がαの源泉かどうかはわからなかった。よって、当時は単にシステマティックであり、スマートベータと呼ばれるべきだったかどうかは、哲学的かつ意味論的な問題であり、投資の問題ではない。

第二に、意味論や哲学がなんであれ、αとβは連続体であり、固有ファクターはすべて、多かれ少なかれ、αまたはβに投じられる資本が増減するにつれて、αあるいはβに寄与すると考えられる度合いに応じて、位置を変えると信じられている。つまり、情報効率性、資本配分の決定、市場力学を包含するフィードバックループによって、同じファクターがときにはαあるいはスマートベータになる可能性があるということだ。

さらにオハンリーCEOが述べたように、アクティブ投資とパッシブ投資の境界も同様に動的であり、ポートフォリオにスマートベータの選択を組み入れることを「ニューアクティブ」と見る者もいる。実際彼は、αがシステマティックリスクファクターから生じると指摘している。それはMPTの従来のαとβの分離の、皮肉にも思いがけない改良である。最後に、αが残余であるなら、βはベンチマークによって決まる市場機会の代替に対して測られ、選ばれたベンチマークはより大きな説明力を持つため、ポートフォリオのβは1（市場のリスク）に、αは0に近づく。

システマティックファクター／スマートベータ投資やETFやそれらをもとにした他の指数連動商品の増加もまた、価格発見に関する興味深い類似の問題を投げかける。伝統的に、研究者は価格発見をアクティブなファンダメンタルマネジャーの領域だととらえている。指数化は、歴史的に時価総額加重平均によって行われ、すでに市場価格となった価格を反映しているため、価格発見には寄与しないと考えられた。たとえば経済学者のアマル・ビデは、指数化は「価格や価値を調整するのに役立つ意見の多元性を弱める」と述べる[32]。指数化はある程度価格に影響するため、第1章で論じたワーグラーのスーパーポートフォリオのようにアノマリーを生み出すと考えられている。

ワーグラーやビデが研究した市場を支配するインデックスは、伝統的な時価総額加重平均の、パッシブ投資の手段である。だが、スマートベータの混合と調和がニューアクティブだというオハンリーの見方を受け入れ、382のファクターと約1500のスマートベータ商品があることを踏まえれば、アクティブマネジャーだけが価格発見に寄与しているという従来の考えはあまりに単純すぎる。そうではなくて、究極的には特定の証券への資金フローによる価格発見は、フローの複雑なマトリックスになる。証券について基本的な判断をするアクティブマネジャーは、当然ながら価格発見に寄与している。従来の時価総額加重インデックスファンドも影響を及ぼす。だが、ファクターベースのインデックスファンドも同様だ。

たとえば市場参加者が大型株のインデックスファンドやテクノロジー関連企業のインデックスファンドに投資をすれば資金はマイクロソフトやアップルに流れるし、投資家がバイオテクノロジーのインデックスファンドを選べば資金はそうした証券に流れる。小型のバリュー株に人気が集まれば、さまざまな企業を助けることになる。また、インデックスファンドが複製しようとしているさまざまなファクター——規模、質、配当利回り、セクター、スタイル、ドミサイルなど——を考えると、個々の証券に流入する資金は、どのファクターに純資金流入あるいは流出があるかという多元的な視点に左右される。個別の証券の価格発見を、アクティブマネジャー、従来のインデックスファンド、ファクターベースのインデックスファンドが重なり合うベン図として考えてみよう。

5　現代ポートフォリオ理論のパラドックス

先の４つの問題と同様に興味をそそり影響を与えるのは、ＭＰＴのパラドックスが核心に根ざす問題だからだ。つまりMPTは、投資家にとって望ましいリスクとリターンを生み出す能力が限定的であるということだ。簡単に言うと、MPTは、最も重要でないことに投資家の目を向けさせているのである。

MPTによれば、投資は市場の影響を受ける一方で、市場に影響を与えることはない。投資におけるこの一方通行的な見方は、多くの問題と非効率性を生み出す。そして、それは明らかに間違っている。

最初の問題は、もし市場の収益率がポートフォリオにとって外因的なものなら、コントロールできるもの、すなわちαに注目するのは理にかなっている点だ。だが、すでに述べたように、βによる総市場リターンは、αから生じるリターンを飲み込んでしまう。したがって、最も重要でないことに注視していることになる。

第二に、αとβの相互作用を考えると、総リターンをβやスマートベータに分類して説明する能力を向上させることは、MPTの重要なリスク管理の手段である投資先の分散にとってどんな意味があるのだろうか。分散は特異リスクを小さくするために行われるので、リターンのより多くの部分がシステマティックファクターによって説明される場合、分散の有益な効果を小さくし、現代MPTに反論することになるのではないか？　分散ポートフォリオのリスク・リターンのうち、どの程度が真に個別のものなのか？　あるいはオハンリーが示すように、システマティックファクターを分散することに焦点を当て、時間の側面を追加すべきだろうか？

当然ながら、これは投資家にとって大きな問題である。そして、これを明らかにすることはMPTの能力を超えている。さらに多くのシステマティックリスクを発見することになれば、投資家は分散不能なリスクを減らせるのだろうか？　MPTでは、ボラティリティの原因は重要ではなく、市場リスクは外的なものだと仮定されているが、なんらかの対処はできるだろうか？　つまり、わたしたちはβに影響力を及ぼすことができるのか、言い換えれば、市場全体がポートフォリオだとして、わたしたちは相対的にではなく絶対的に市場のリスク・リターンに影響を及ぼせるのだろうか？　別の考え方をすれば、市場全体のシャープレシオを改善するために、投資家は市場による再評価を促せるのか？（シャープレシオは、ノーベル賞受賞者のウィリアム・シャープにちなんで名づけられたもので、市場の総リターンからリスクフリーレートのリターンを引き、ボラティリティで割ったものである）

第1章で述べたように、市場のリスクは投資にとって外因性ではない。だが、それらの影響（インデックス効果、スーパーポートフォリオ、資金移動によって起こるリスクオン・リスクオフ市場）は不測のものであり、市場の機関化やMPTの支配があいまった結果だ。したがってより重要な問いは「投資家は、リスクを小さくし、リターンを大きくするために、意図的にシステマティックリスクに影響を及ぼすことができるか？」である。

ひとことで言えば、「イエス」である。投資家は「より良いβ」、つまりより良いリスク・リターン（より大きなシャープレシオ）を持つ市場を作ることができる。実際、いくつかの実証研究では、リスクとリターンのトレードオフは存在しない。だが、ESGの場合には、リスクとリターンのトレードオフではなくトレードオンが起こり、より小さなリスクと大きなリターンが見られた。[33]それは当然である。マーコウィッツが述べたように、投資家は予測可能性を求めるべきである。違いは、投資家が予測可能性を作りだすことだ。それにより、彼らは市場が一部の証券をよりリスクが小さく、ゆえに望ましいものとして再評価する以前、あるいはその過程でそうした証券のポジションを持つことによって利益を得る。

第三の、そしておそらく最も重要な問題は、MPTのパラドックスによる負の影響だ。市場の総リスクとリターンは外因性のものだと仮定し、リスク管理の好ましい手段として分散に重点を置き、αや相対リターンに注目することは、MPTがシステマティックリスクを小さくする努力を、よくて無視、最悪の場合は妨害することを意味する。つまり、明らかに投資の誤りである。

伝統的なMPT支持派は、投資の技術（少なくとも公開株）をαの追求とβの調整に関連した証券分析、ファクター分析、取引、ポートフォリオ構築に限定している。スチュワードシップ責任や気候変動などの分散できないシステマティックリスクファクターを低減するための基準の開示といったトレーディングに関連しないツールを使うことは、「政治的」あるいは「社会的投資」として片づけられてきた（以下参照）。それには内的な論理もあるが、その論理はトートロジー的である。βは外因性だというMPTの前提を受け入れ、銘柄選択やポートフォリオ構築を重視すれば、取引以外の方法を通してシステマティックリスクを低減する能力を探ることはなくなるだろう。するとβは外因性であり続けるために、銘柄選択とポートフォリオ構築に注力し続けることになる。そのループの繰り返しだ。すでに述べたように、パッシブ戦略やスマートベータ戦略はαを追求しない一方で、βや、避けようとする固有リスク・エクスポージャーに影響を及ぼそうと試みることもない。事実上、βの外因性というMPTの主張を受け入れている。

βの外因性というトートロジーによって視界が狭められ、取引画面の電子的な点だけに集中すれば、資本市場におけるボラティリティとリターンのあいだのフィードバックループと、現実世界の原因をはっきりとらえることができなくなる。これもまたもうひとつのパラドックスだ。ボラティリティを最小化する唯一の方法として分散を重視することは、市場全体のボラティリティの原因を実際に減らすことにはならない。世界金融危機の例で見た通り、実際にボラティリティを悪化させるという深刻な二次的影響が起きる可能性がある。その一方でファクター投資は、ボラティリティだけでなく、多くのリスク要因に関心を向ける。それにもかかわらず、マーコウィッツの元来の主張から遠く離れたファクター投資をMPTの伝統に含めているのは、リスクを（現実世界の要因ではなく）市場をもとにしたリスクに限定しているからだ。そのため、ファクター投資はMPTのパラドックスの限界を破ろうとしながらも、パラドックスから逃れられない。

もちろん、こうした循環論法のどこかを破れば、トートロジー全体が崩壊する。幸いなことに、理論が実践によって導かれたのが、ポストMPT時代の特徴である。さまざまな投資家が、システマティックリスクを低減しようとして、MPTの閉ざされた数学を拒否し、現実世界に目を向けている。この場合のシステマティックリスクはひとつではない。ＭＰＴはリスクの根本原因を無視し、ボラティリティとして表れているものだけを気にかけているのかもしれないが、こうした投資家たちは、ボラティリティに寄与するシステミックリスクを低減することでボラティリティを小さくさせたい場合、リスクの根本原因こそが重要であることを理解している。βが外因性であるというトートロジーを破ることは、従来の投資の定義から脱却し、取引画面の外にある現実世界に目を向けることにほかならない。それはしばしば売買や銘柄選択でなく、協調体制を構築したり、公共政策に影響を及ぼしたり、スチュワードシップ責任を負ったりすることになるだろう。これらの行動は、最もすぐれたポートフォリオマネジャーよりもずっと大きな影響をリスク・リターンの改善に与えるかもしれない。

筆者らは投資家のこの種の行動を「βアクティビズム」と呼んでいる。それは個別の企業や個別の証券ではなく、市場全体のシステマティックリスクに影響を与えようとするものだからだ。第5章で詳しく論じるが、これはコーポレートガバナンス（企業統治）のステージ3（第3段階）の際立ったファクターであり、著名な投資家カール・アイカーンやチルドレンズ・インベストメント・ファンドなどが採用するα重視のアクティビズムとは異なる。αアクティビストとβアクティビストに共通するのは、ＭＰＴの閉ざされた数学では成し遂げられなかった方法で、現実世界に影響を与えようとしていることだ。彼らは取引画面を超えた行動をする。だが、αアクティビストとβアクティビストの違いは大きい。αを追求するアクティビストは、ＣＥＯの選出、合併あるいは子会社の売却、資本配分などのひとつの企業の戦略や戦術に影響を及ぼそうと試みる。通常、実質的に投資をする一企業に注力することで、特異な状況から超過リターンを得ようとしているのだ。MPT的に言えば、αアクティビストがやろうとしているのは、企業のリスク・リターンを変えようと動くことによって、その企業の株のリスク・リターン特性を改善することである（うまくいくときもあれば、いかないときもある）。これはMPTの枠組みにきれいに収まる。ただし、αアクティビズムがうまくはたらけば、市場価格が動くのを待つのではなく、現実世界のアクティビティから得られた情報が市場価格に織り込まれることになる。

一方、βアクティビストは、企業ではなく課題を対象とし、システマティックリスクに影響を及ぼそうとする。だが、課題を対象とすれば、ときにシステミックリスクに大きく寄与する複数の企業を対象にしなければならない。たとえば、気候変動によるシステマティックな市場リスクに対抗するため、温室効果ガス排出量の多い上位100社を対象にするなどだ。βアクティビストは企業財務の悪化よりも、リスクの根本原因を追究する。

理論上は、システマティックリスク（たとえば気候変動やジェンダーの多様性の欠如など）に対する投資家の期待の総和は、「市場」の認知された危険性に組み込まれる。よってβアクティビストがシステマティックリスクの認知された危険性を低減できれば、市場の再評価が起こる。これは、市場がαアクティビストが対象とする個別銘柄を再評価したときに起こるケースと似ている。だが、βアクティビストが対象とするシステマティックリスクファクターは市場全体に影響を与えるため、小規模なシステマティックリスクの再評価でさえ数千億ドル規模の影響力を持つ。

第5章でβアクティビストの6つの取り組みについて掘り下げるが、ここではあるβアクティビズムの取り組みに関する短いケーススタディをとりあげ、取引以外の投資行動を通じて、「より良いβ」を作る、すなわち市場全体のリスク・リターンを変えるとはどういうことかを理解していこう。

1320億ドルのβ沸騰

世界中のどこにおいても、企業を統治するのは事実上取締役会である。形式や詳細（一層制か二層制か、経営から独立しているか、支配株主や従業員代表がいるかどうかなど）は異なるかもしれないが、基本的な役割は同じである。つまり企業を管理することだ。取締役会が企業をいかにうまく管理するか、誰が取締役会にいるか、取締役たちが誰に対して説明責任を感じているかが重要である。そのため、αアクティビストの投資家は取締役会の席を望む。だがβアクティビストの投資家の目標は、特定の企業の取締役会を改善することではなく、すべての企業が説明責任を強化するために、取締役会のメンバーの選出方法を改善することだ。βアクティビストはできるかぎり広く市場に影響を及ぼそうとしているからである。

これこそが、2014年11月にニューヨーク市の会計監査官スコット・ストリンガーが「取締役会説明責任プロジェクト」を発表したときの考え方だ。彼は、ニューヨーク市の5つの主要な確定給付型年金基金の投資顧問を務めており、その総資産額は1600億ドル（当時）規模だった。[34]彼や年金基金の受託者は、株主が企業の取締役会のメンバーを直接指名できないことに不満を感じていた。証券取引委員会（SEC）は2010年に「プロキシーアクセス」と呼ばれる手法で直接指名を可能にしようとしたが、訴訟によってひっくり返された。だが、唯一の例外があった。企業の株主が望めば、年次株主総会の票決を通してプロキシーアクセスを採用できることだ。[35]それでも、企業ごとにそうした変更を行うのは費用がかかるし、面倒である。その結果、ニューヨーク市の年金基金が実行するまで、誰もそれを試みようとしなかった。取締役会説明責任プロジェクトが開始された当時、プロキシーアクセスを採用していたアメリカの企業は6社にすぎなかった。

だがそれも、ニューヨーク市の年金基金が大口投資家と連携し、私的な秩序形成を通してプロキシーアクセスを命じる決議を申し立てて、プロキシーアクセスを市場の新標準として確立しようとしていると発表すると、すべてが変わったのである。こうした機関投資家には、障害に立ち向かい、克服する資力も、動機もあった。大半がユニバーサルオーナーである彼らは、自分たちが銘柄選択やポートフォリオ構築にどれほどすぐれていたとしても、ポートフォリオのリターンは市場全体や経済に強く結びついていることを理解していたからだ。ストリンガーが概要を述べたのは一社ごとのプロセスかもしれないが、全体的な取り組みはそうではなかった。彼らはプロキシーアクセスを求めて争う最初の75社の名を挙げ、新しい市場規範を確立しようとしていることを明言した。興味深いことに、選ばれた企業は、さまざまな既知のリスクにさらされていた。炭素集約型の企業が33社、取締役会にジェンダー・人種・民族の多様性がほとんど、もとはまったくない企業が24社、そして25の企業がなんらかの問題を抱えていた。[36]

SECがルールを採用し、裁判所がそれを差し止め、市場の重要な小集団に適用できるよう例外が適用され、ストリンガーが驚くべき発表をするといった異例の事態は、自然実験となった。ストリンガーの発表によって75の対象企業は53ベーシスポイントの超過リターンを示した、という3人の研究者による分析もある。ストリンガーの発表は、75の企業でプロキシーアクセスが採用されることを保障するものではなく、提案がなされることを述べたにすぎない。市場全体で規則化／採用されれば、さらに大きな価格再評価が行われただろうと研究者は述べている。[37]

βアクティビストとして活動したストリンガーとニューヨーク市の年金基金の取り組みは、おおむねうまくいった。少なくとも大企業のあいだでは、プロキシーアクセスが事実上の市場標準となった。ストリンガーの2014年の発表から5年足らずの2019年7月、600超（6社から増加）の上場企業がプロキシーアクセス・ルールを導入しており、その数は増え続けている。[38]

その後、ニューヨーク市の年金基金は、取締役会説明責任プロジェクト2・0を設定し、取締役選出プロセスの透明性と、取締役会のスキル・経験・多様性の改善に力を入れている。およそ2年後、対象企業のうちの62社で、新たに77人の多様なバックグラウンドを持つ人々が取締役会に加わった。[39]この場合も、特定の企業ではなく、多様性の欠如というシステマティックリスクに着目したのだ。

取締役会説明責任プロジェクトは、βアクティビズムがもたらす影響の大きさを示している。βアクティビズムは、大手上場企業のプロキシーアクセスという事実上の基準を設け、(他の取り組みとともに) アメリカの上場企業を監視・指導する取締役の多様性を高め、そのうえ市場全体のリスクとリターンを改善するβアクティビズムの力を証明した。ストリンガーの発表当時、ニューヨーク市の年金基金はこれら75社の株式、5兆230億ドルを保有していた。[40] 53ベーシスポイントの超過リターンがあったということは、同市の年金基金はプロジェクトによって2億6600万ドルの超過収益を得たことになる。基金は通常、企業の株式の1パーセント以下しか保有していないので、全市場に対する影響は250億ドル超になる。600の企業がプロキシーアクセスを採用しているため、時間の経過にともなう総市場価値への実際の影響は、その数倍規模になるだろう。最後に、プロジェクトの研究では、プロキシーアクセスが市場全体で標準となり、法令によって定められれば、53ベーシスポイントの超過リターンを基準として考えても、結果はおそらくもっと大きかっただろうと指摘する。ストリンガーの発表当時、プロキシーアクセス採用の試みをすべての上場企業に広げれば、市場価値は約1325億ドルにのぼった計算になる。[41]

それではなぜこの種のβアクティビズムが認識されてこなかったのだろうか。つまり、投資リスクの管理をボラティリティを作り出すシステミックリスクの現実世界の根本原因にまで広げること、そしてMPTがなし得なかったやり方で分散不能なシステマティックリスクを低減しようとしていることが認識されてこなかったのだろうか。

それにはふたつの理由がある。

- より良いβを作るには、取引やポートフォリオ構築をはるかに超えたテクニックがいる。投資家を含む多くの人は、規制当局、コメンテーター、研究者を含め、MPTが優勢だった過去半世紀にわたって洗脳されたため、これらのタスクを「投資」とは考えられなくなっている。本書の著者のひとりであるジョン・ルコムニクは、ワシントンDCでの非公式な会議に出席した際、規制当局からどうすればさまざまな金融規制諮問委員会により多くの投資家を参加させられるかを尋ねられた。ルコムニクは、関心を持つと思われるコーポレートガバナンスとスチュワードシップ責任を備えた、著名な機関投資家の名をいくつか挙げた。取締役会説明責任プロジェクトに参加した人も含まれていた。それに対して規制当局は「求めているのは真の投資家です」と言った。つまり、トレードをしている人々のことを指していたのだ。
- 重大なシステマティックリスクは、根本原因も重大なケースが多い。その結果、たいがい劇的で、ニュースになる（たとえば南アフリカ共和国のアパルトヘイト、気候変動、ジェンダー多様性など）。そのため、投資家がこれらの課題に取り組もうとすると、より良いβを作り出すための一連の試みというよりも、一度限りの社会的・政治的な取り組みとみなされやすい。ある意味、この議論は、仲介の問題と重なる。投資家が気候変動などのシステミックな課題を軽減しようとして、特定の業界の銘柄を売却することがあるからだ。

投資の世界をMPTの市場価格のレンズと取引画面のみを通して見ている人は、βアクティビストの投資家が資本を配分するために社会的・政治的なレンズを用いているという批判者たちが主張する価値を最大化するのではなく、政治的目的に従うβアクティビストを非難する。この主張にはふたつの重要な点が欠けている。まず、βアクティビズムは投資をする・しない（排除）といった手法に限られるわけではないことだ。ニューヨーク市の例のように、他のツールを使う場合も多い。それ以外のツールについては第5章で紹介する。次に、批判者は、資本が投下される、あるいは維持されているときでさえ、βアクティビストも市場の一部であり、中央銀行が信用リスクをたいがい負わないのと同じように、どのリスクを受け入れるかについて十分な情報にもとづいた選択をしているという事実を無視している。

皮肉なことに、こうした市場純粋主義者は、市場を作り、価格発見を行う証券の価値（社会的にも金融的にも）に関する意見の違いが、市場とは対極にあることを示している。たとえば、プロキシーアクセスを市場全体に持ち込もうとするストリンガーの取り組みは、投資プロセスを政治化するものだとして、アメリカ資本形成評議会（ACCF）から批判された。ACCFは、アメリカ銀行協会の元エグゼクティブバイスプレジデントによって創設された、企業経営者寄りの団体である。ACCFは、わたしたちが誤った二分法だと思うものを持ち出し、システミックの改善は、事実上、投資とは無関係であり、違法であると論じた。「……1900億ドルの年金基金の運用は、リターンの改善にはほとんど注力せずに、株主決議や社会的関与への取り組みに向けられ続ける」[42]。ストリンガーが社会状況とリターンの改善を同時に行えるとはまったく考えていないようだった。もしくは市場全体のリスク・リターン特性を改良することによって年金基金のリターンを改善するには、社会状況の改革が必要だとも考えなかったのだろう。このふたつが相関関係にあることは、その後まもなく明らかになった。新型コロナの感染拡大によって、医療と医療へのアクセスの断裂、感染予防対策として必要とされたソーシャルディスタンスとステイホームによる需要の落ち込み、サプライチェーンにおける社会と経済システムの結びつきなどがあらわになったのだ。

βアクティビズムの批判者にとって、金融・社会・環境が原因となる分散不能なシステミックリスクに対処する活動は、従来のMPTによる投資活動から自動的に誤った方向へ導かれることを意味する。[43] 投資のリスク・リターン特性とのつながりを彼らは理解していない。システマティックファクターがリターンを大きく左右することを理解している投資家にしてみれば、こうした活動は、MPTが決してなし得なかった方法でシステマティックリスクを低減するものであり、今日の世界において効果的な投資をするために欠かせないものである。

第3章 Short-termism

短期志向

現代ポートフォリオ理論（ＭＰＴ）には長期投資よりも短期投資を好む要素は内在していない。それどころか、投資家がリスクの大きい、遠い将来（株式のような）キャッシュフローが生じる長期投資を無理なくできる知的枠組みを築くことで、長期投資の考え方を投資家にもたらす手助けをするはずだった。ところが何十年にもわたって、学術論文や日々のニュースは「短期志向」の報告にあふれている。国際的な投資プロフェッショナル資格の認定機関ＣＦＡ協会のウェブサイトには、「短期志向」というタイトルのページまである。そこにはこう書かれている。

> 「短期志向」とは、長期利益を犠牲にして、短期利益に過度に重点を置くことを指す。投資家は、短期的な成果の圧力にさらされ、戦略、ファンダメンタルズ、長期的な価値創造よりも四半期ごとの収益にことさら注目する。企業もそうした圧力に応えるために、研究開発への投資や長期的に見れば有望な投資を減らすことがよくある。そういった意思決定は、サステナブル製品や運用効率を高める手段の開発への投資、また、人材開発や社会的・環境的リスクの効率的な管理をするための投資を犠牲にしかねない。[1]

投資家が時間枠について非合理的に考えることが多いとのCFA協会の指摘は正しい（非合理的とは、利益に明らかに反する行動をとることを意味する）。MPTは、ここでは悪者ではないが、罪のない傍観者というわけでもない。MPTがシステマティックリスクを引き起こさないのと同じように、システマティックリスクと闘う方法と向きあわないことが同理論のパラドックスを生み出しているからだ。同様に、MPTの焦点はポートフォリオの構築にあり、そのために売買活動が必要だという示唆は短期志向を引き起こすわけではないが、短期志向を助長する方向にはたらいている。

時間推移する合理性

投資家、そしてすべての人間は、神経学的に将来の出来事を大きく割り引いて《スーパーディスカウント》考える傾向にある。そうした双曲割引は非合理的である。なぜなら、その意思決定は遅延価値の正当な割引や遅れた利益よりも、目先のことを重視するからだ。たとえば市場では、将来のキャッシュフローマシーンを過小評価する。こうした傾向は投資判断に大きくのしかかる。資産運用会社ブラックロックのラリー・フィンクCEOが指摘する通り、「資本市場は将来のリスクを前倒ししている」[2]のだ。問題は、必要以上に前倒ししていることである。

人間が行う時間的なトレードオフ（今食べるか後で食べるか、今消費するか貯金して後で使うかなど）については研究が進んでいる。デューク大学の3人の研究者は、神経画像技術（機能的MRI）を用いて時間割引の意思決定に脳がどのように反応するかを調べた、12以上の研究を再調査した。時間割引の意思決定は、現在のあるものと、将来の別のものとの価値を比べる決定であり、投資家が分析で割引率を用いるときに行っていることだ。研究者たちは、「異なる時点間の選択にあたっては、ほかの意思決定とは異なる脳領域が重要な役割を果たす」ことを発見した。[3]

なぜこれが重要なのか？　投資家のタイムホライズンについて研究する研究者たちへの基調講演でヴァンダービルト大学のオーウェン・ジョーンズ教授は、機能的ＭＲＩが、進化的に古い大脳辺縁系の活動と、進化的に近年の前頭前皮質のあいだの緊張を示したと述べている。「大脳辺縁系は、進化的に古いと考えられている領域で、より感情的であり、かなりあとから進化した領域と比べると認知能力や分析能力で劣る。前頭前皮質の活動が低く、大脳辺縁系が活発に活動する場合、被験者がより早く、より小さい報酬を選択しがちであることがわかっている。ここから、時間割引に関する意思決定をくだすときには、脳のより分析的な領域と、より感情的な領域とのあいだにある種の緊張が起こるという仮説を立てることができる」[4]

ジョーンズは双曲割引はみずからが「時間推移する合理性」と呼ぶものかもしれないと主張する。つまり、今日、非合理的と思われるものが、何百万年も前の進化段階では合理的な機能を果たしたかもしれないということだ。

平均寿命は今日よりもずっと短かった。また、わたしたちの祖先は、現代の（少なくとも富裕国の）人々のように、最長寿命に近づくこともあまりなかっただろう。さらに、取引はとてもリスクがあった。なぜならば、わたしたちの祖先には、強力な強制メカニズムがなかったからだ。安全な権利と言えば、手に持っているもの（運が良ければ）か、すぐに消費して腹まわりにため込んでいるものに限られた。取引は次の理由からリスクがあった。自分が支配できるものを得て、それをほかの何かと交換して、もっと欲しいものを手に入れようと考えても、手放したものと引き換えに、実際に欲しいものを手に入れられる可能性はとても小さかった。この理由から、霊長類の歴史を通して（事実上、すべての生命体の歴史の大半を通して）、自然淘汰は論理的な未来よりも、遺伝的素因を好んで具体的な現在にいくぶん重きを置くという仮説が成り立つ。

投資行動の一部は、熟慮し、教育を受けることによって認知的に制御できる。だが、人間の基本的な行動の素因は、新たな環境特性と出会っている。そして、その出会いの結果が、現代では奇妙な結末につながることが多い[5]。

さらに、進化的プログラミングとジョーンズの言う「現代」の現実の違いに加えて、文脈上の難題がある。時間割引の考え方はわたしたちが人間であることに根ざしている。つまり、わたしたちは死ぬ運命にあり、この世界における時間には限りがある。だが、機関投資家は年金基金、寄付基金、合同運用型ファンド、保険会社などの永続的な存在のために時間的意思決定をする。

こうした存在は強い長期志向を持つ。

ジョーンズの理論は、行動ファイナンス理論の核となるプロスペクト理論に寄与する生物学的要素を示している。カーネマンとトベルスキーが指摘する通り、人間は将来に利益を得ることよりも、今持っているものを失うことを恐れる。ストレスにさらされた祖先ならよく理解していたであろう損失回避の傾向は、リスクを正か負かにかかわらず「合理的」に評価して、均等加重することを難しくする。

双曲割引・投資・公共政策

双曲割引と損失回避の傾向は現実世界に影響を及ぼす。イングランド銀行のチーフエコノミスト、アンドリュー・ホールデンは次のように述べている。「5年先のキャッシュフローは8年以上先のキャッシュフローよりも適正に割り引かれ、10年先のキャッシュフローは16年以上先のものもののような価値しかない。30年以上先のキャッシュフローはほとんど価値がない。ロング（長期保有のもの）はショート（売り）である。投資選択は人生におけるほかの選択と同じく、短期志向に戻ってきている」[6]

ホールデンは、CFA協会の見解と同様に、双曲割引の傾向によって、長期の社会的・経済的にプラスの影響を与える投資がそれに見合った投資額を得られないとも言う。「これは市場の失敗である。その結果、投資は減り、長期プロジェクトは過度に苦しむ羽目になる。インフラやハイテク投資などの、建設コストや埋没《サンク》コストの高いプロジェクトもそれに含まれるかもしれない。こうしたプロジェクトは、多くの場合、最も大きな長期的（私的および社会的）リターンをもたらすゆえに将来の成長を大きく後押しするように感じられる」。規制者として、ホールデンは投資の仲介目的を十分に認識していたため、双曲割引の結果は次善の投資決定だけでなく、次善の資本配分につながると指摘し、そのため「短期志向は公共政策上の課題になる」と結論づけている。[7]

だがホールデンが行動を喚起してから10年たっても、状況はあまり変わっていない。多くの投資家やグループが長期の資本配分を訴えているが、彼らも規制当局も議員も、市場に将来のキャッシュフローをより適正に再評価させることができずにいる。さらに、資本市場を通じた実体経済、いわゆる経済の金融化の拡大が双曲割引市場の失敗による悪影響に拍車をかけている。

おそらく長期志向の擁護者はそれを間違って考えているのだろう。彼らは（正しい）知的な主張を続けているが、こうした主張が根づき、市場全体に広がるのを妨げる障壁のようなものがある。ジョーンズは「投資行動の一部は認知的に制御できる」と論じているが、双曲割引の傾向が意識的に是正できるのなら、なぜそうしないのか（わたしたちは是正できていないと考えている。ホールデンのキャッシュフロー分析は、投資家の行動が概して変わっていないことの証明だからだ）。その障壁の一部は、今日の資本市場においてMPTの果たす役割にあるのではないかとわたしたちは考えている。

どのような状況で感情的な反応が引き起こされ、思慮深い分析が促されるのかを考えてみよう。

時間的制約、複数のややこしい選択、ストレス、限られた知識などは感情的な決定につながりやすく、良くて経験や先入観にもとづく直観、最悪の場合には拙速な結論を導くことになりかねない。一方で、熟慮する時間、わかりやすい選択肢、落ちついた環境、詳細な知識があれば、合理的な分析ができる。今日のポートフォリオマネジャーはどちらの状況にあるだろうか。システムトレードによって、投資のプロセスから「感情」を排除している投資家もいる。だが、そのアルゴリズムも、一助にはなっても完璧ではない。

なぜなら第一に、アルゴリズムは人間がプログラミングしたものであるがゆえに、人間ならではの偏見が反映されてしまうからだ。取引を生むために必要な値動きは、双曲割引を反映しているかもしれない。ゴミからはゴミしか生まれないという有名な警告を言い換えれば、短期志向は短期志向しか生まないということだ。第二に、ポートフォリオマネジャーたちは、取引会社の目標を達成するために雇われているため、四半期という短い期間で成果を出すよう求められる。となれば、長期志向のプログラムを組むなど考えられない。第三に、アルゴリズムは通常、価格と出来高にもとづいている。つまり、システムトレードをしていないトレーダーによって価格変動が起これば、プログラムはそれに反応しなければならない。システムトレードが価格にもとづいていない場合でも、短期志向であるのは変わらない。たとえば、トレードプログラムはニュースフィードやソーシャルメディアから情報を即座に入手できるようボットを使っているからだ。

αを重視する近年のMPTの伝統や、アクティブマネジャーとして差別化を図る資産運用業界の必要性から、不完全な情報にもとづいて頻繁に取引を行う状況が作られている。こうした状況は双曲割引を抑制するのではなく助長する。熱狂的な市場では、意思決定が最重要になるが、合理的な意思決定をするための状況は悪化するばかりだ。

αおよびベンチマークを上回ることが重視されれば、ポートフォリオマネジャーは、取引によって競合他社との差別化を図ろうとするだろう。取引によって、同業者やベンチマークと異なる影響をポートフォリオに与えれば、結果がすぐに出やすいからだ。即時分析を入手し、短期（ポートフォリオは四半期、1年、3年の相対リターンをもとに判断される傾向にある）の比較を用いれば短期的結果を際立たせようとする行為が強化される。価格発見に有益となる取引の効率性を高める市場構造の変化は、短期志向の行動から生じる取引コストを小さくするという、想定外の結果をもたらした。

こうした変化には、取引の小数点化、取引コストの削減、リサーチやシステムトレード、トレードボット、低コストの小口取引、モバイルアプリを介した取引などの一括サービスから、執行のみを切り離すなどが含まれる。それにより取引コストが縮小される一方で、頻繁な取引や短期志向を減らすのに役立つ心理的抵抗までもが減る。さらに、取引に対する業界の文化的圧力もきわめて強い。ある研究で述べられているようにポートフォリオマネジャーは、「ただすわっているだけでなく、やるべきことをやらなければいけない」のだ。[8] その結果、自分たちが想像する以上に多くの取引を行う羽目になる。トレードによるフリクショナルコストや、ポートフォリオを絶えず変更することによって生じる注意力の散漫が、収益にマイナスの影響を与えるかもしれないことを頭ではわかっていてもそうするしかないのである。[9]

ＣＦＡ協会は次のように記している。「長期投資の見方を求める資金のオーナー（退職基金など）とのあいだに緊張が存在する。二者間の利益の不一致の結果、投資家に重大な損失が生じる可能性がある。取引コストがこの問題を悪化させる。なぜなら、短期志向はポートフォリオの回転率を上げ、それが大きな取引コストにつながり、投資家へのリターンを小さくするからだ」[10]

数字がそれを裏づけている。国際取引所連合によると、平均的株式の年間売買回転率は、１９７５年の40パーセントから２０１８年には１００パーセント以上に増大した。[11] つまり、保有期間が２年半以上から１年未満に短縮されたということだ。それにはいわゆる高頻度取引（１０００分の１秒ベースのアノマリーに対して取引を行うシステムトレードの利用）が一端を担っている一方で、高頻度取引を除外した投資期間の評価でも、投資家は18カ月程度でポートフォリオを組み替えていることが示された。[12] 興味深いことに、その評価を開発した教授たちによると、２０１０年末までの25年のあいだに株式の平均回収期間《デュレーション》が1・2年から1・5年と微増している。これは主に、短期志向を声高に批判する年金基金によってデュレーションが長くなっていることに影響を受けた結果だ。さらに、取引頻度の低い投資家のパフォーマンスがより良いことも明らかにされた。[13]

それも当然だろう。潜在的な取引を分析する際に投資家が非合理な双曲割引を行うなら、取引頻度を減らすことでふたつの補完的で有益な効果が得られる。まず、意思決定のための分析に時間をかけられるので、前頭前皮質をはたらかせることができること。次に、双曲割引が同じ水準で取引頻度の低いトレーダーに起こっても、取引頻度を抑えることによって非合理性が拡大しないので、頻繁に取引しないトレーダーは市場全体とくらべて「間違いが少なく」なり、結果として市場を上回ることである。

適切なものを計測しているか？

短期志向には、あまり検証されない別の問題もある。それは、投資ホライズンを正しく測っているか、である。MPTが、分析や取引を通してαや相対リターンの達成に注力しているということは、株式、債券、その他の証券の保有期間（または他の時間的基準）を測っていることにほかならない。なぜなら、そうした証券やポートフォリオのリターンを「市場」と比較して計測したいからだ。相対パフォーマンスの基準としては、個別銘柄や証券ポートフォリオの保有期間は資本市場の内部基準であり、投資家が資本市場についていかに考え、行動するかを示すものではない。純然たる事実として、投資家の大半は市場、つまりシステマティックリスクと特異リスクに恒久的にさらされている。投資をしない状況から証券を購入し、その後投資をしない状態に戻る投資家は、たとえいたとしてもごくわずかだ。[14]

むしろ、ある証券を売って得た利益は別の証券の購入に回される。別の言い方をすれば、事実上すべての投資家は彼らのリターンの70から95パーセントを決める市場のシステマティックリスクに恒久的にさらされている。投下資本のほとんどが、市場に投資されたファンドの保有期間が1日でも、1年でも、10年でも、恒常的に市場のリスクであるβにさらされているわけだ。しかし、すでに述べたように、高頻度トレーダー[15]は、市場全体と比較してより高いコストを払い、ほかの市場参加者よりも時間推移する合理性と損失回避の行動の課題により多くさらされる。よって、取引が市場平均の何倍も増えれば、概してパフォーマンスは低くなる。

よりマクロのレベルでは、市場全体が個別銘柄に対して短期志向になるにつれて、取引によってパフォーマンスが低下する側面が、市場全体のリスク・リターンにますます影響を与える。また、仲介や、社会的に効率的な資本配分の観点から、その影響は、「短期志向が公共政策上の課題になる」[16]までに、根底にある双曲割引と資本市場を通じた実体経済の拡大（金融化）によって大きくなる。

最も重要な点は、投資家の大半が恒久的にβエクスポージャーを持つということだ。保有期間や証券のデュレーションは取引を測るものであり、投資家のタイムホライズンを測るものではない。よって、たとえば寄付基金や年金基金といった例外的な長期投資は、コストが低く、「インデックスファンドは長期の市場エクスポージャーがある」と投資家がとらえているという理由で、インデックスファンドに投資をする。

だが、少なくとも伝統的な時価総額加重平均型株価指数に対し、「インデックス投資家は、市

αシーキングのトレードの頻発化

＋

時間推移する合理性のせいで、こうした取引における
将来のキャッシュフローの双曲割引が起こる

＋

双曲割引によるαシーキングのトレードによって
時価総額加重平均型株価指数内のウェイトが決まる

＋

こうした時価総額加重戦略の人気が高まる

＝

非合理的短期志向の影響を受けて市場が動く

場の取引活動を反映した指数構成ルールを介して短期の相対リターン思考にさらされている。実際、時価総額加重平均型株価指数を、隠された「モメンタム」スタイルビークルだと呼ぶ人もいる。なぜなら（インデックスユニバースの他の銘柄と比較して不釣り合いなほど）株価が上がると、インデックス内のウェイトが大きくなるからだ。時価総額加重平均型株価指数は、事実上のプライステイカーである。もし（多すぎるほどの）プライスメイカーが短期的であれば、プライステイカー／指数はそれを反映する（そしておそらく指数効果によって拡大する）。皮肉にも、長期のパッシブファンドのオーナーは、長期に株式を保有したとしても、その企業の資本を決定したり影響を与えたりする力はない。短期のαを求めることが、βトラッカーのパラメータを設定する。[17] 長期の犬が、短期のしっぽに振り回されているようなものである。したがって、短期志向市場の公式は上記のようになる。

第4章 Everything Old Is New Again

歴史は繰り返す

すべては巡る――フィードバックループとマテリアルになること

投資を価値創造のさまざまな原因から切り離してとらえるとき、現代ポートフォリオ理論は行為遂行的であるという主張は革新的であり、急進的でさえある。だが、それは経済的意思決定に影響を及ぼし、それを進化させるフィードバックループに向けた古典派経済学の懸念を反映している。経済学と、金融市場以外の現実世界との関係、またそれらがどのように影響し合うかを検証する必要性は、アダム・スミス、カール・マルクス、ロナルド・コース、オリバー・ウィリアムソン、ミルトン・フリードマンらさまざまな経済学者によって研究されてきた。

仮定や手法は大きく異なるものの、これら著名な思想家たちが共通して示唆している点がある。それは、市場をより広い経済から意図的に切り離すというMPTに対するわたしたちの批判は、目新しいものではなく、複雑な原因、規制、インセンティブ、フィードバックの従来の検証を現代にも適用したものであるということだ。わたしたちの批判は忘れられがちだが、早急に復活させるべき先人たちの思想を思い出させてくれる。

アダム・スミス——道徳感情論

アダム・スミスは自己利益と他人に対する共感を、対立的なものではなく補完的なものとみなした。彼はこう述べている。「富裕な人びと、有力な人びとに驚嘆し、ほとんど崇拝し、そして、貧乏でいやしい状態にある人びとを、軽蔑し、すくなくとも無視するという、この性向は、諸身分の区別と社会の秩序を確立するのにも維持するのにも、ともに必要であるとはいえ、同時にわれわれの道徳諸感情の腐敗の、大きな、そしてもっとも普遍的な、原因である」[1]。また、同様にこう述べてもいる。「社会は、正義の諸法がかなりよく守られなければ、存立しえず、どんな社会的交際も、相互に侵害することを普遍的に放棄していない人びとのあいだでは、発生しえない……」[2]。双方の考え方の核となるのは、社会（すなわち道徳や法律）は『国富論』で論じた有名な肉屋、酒屋、パン屋の純粋な自己利益（利己的と解釈されることが多い）という無邪気な解釈を理解し包含することである。スミスは『道徳感情論』でこれを明らかにしている。「われわれがだれか個人の性格を考察するとき、われわれは当然、それをふたつのちがった側面からながめる。第一に、それがわれわれ自身の幸福に作用するものとして、第二に、それが他の人びとの幸福に作用するものとしてである」

明らかにスミスは、より広い社会を、自己利益を満たす行動を抑制するものとしてとらえている。「社会は、しかしながら、たがいに害をあたえ侵害しようと、いつでも待ちかまえている人びとのあいだには、存在しえない」[3]。だが、さらに興味深いのは、社会から個人へのフィードバックループが個人にとって何が許容されるか、何が最善かに関しても影響を及ぼすと述べていることだ。

「われわれ自身の幸福への関心は、われわれにたいして、慎慮の徳をもつように勧告し、他の人びとの幸福への関心は、正義と慈恵の徳をもつように勧告する。後者のうちで、ひとつはわれわれを抑制して、害をあたえないようにし、もうひとつは、われわれをうながして、他の人びとの幸福を促進させる。それら三つの徳のうちの第一は、もともとわれわれの利己的な意向によって、ほかのふたつは、われわれの仁愛的な意向によって、他の人びとの感情がどうであるか、どうであるべきか、一定の条件のもとではどうであるだろうかということの、どれかにたいするどんな顧慮からも独立に、われわれに勧告されるのである」[4]

要するにスミスは、自己利益と博愛という一見矛盾するふたつの感情（社会心理的衝動）を調和させた。社会は自己利益を抑制する一方で、満たしもする。個人の経済的意思決定はその二重の相互作用から生まれる。

ロナルド・コース——負の外部性

ノーベル経済学賞受賞者のロナルド・コースが重視したのは、経済全体の費用《コスト》を最小限にとどめながら負の外部性を軽減することだった。だが、その主な考えは、政府規制のすべて、あるいは大半に反対する強硬な自由市場理論家によって、選択的に歪められた。彼らは、問題を市場に任せれば、（それほど多くの）規制がなくても社会的に最適な解決にたどり着くと主張した。この理想化された自由放任主義《レッセフェール》の世界では、コストのかからない取引が、規制不要（契約やその他の法律は必要）で社会的に効率的な解決に導くという。ところが、このように政治的にコースの考えをとらえることは、彼の著作の重要な側面を無視している。コースは自由放任主義による解決に必要な仮定を特定すれば、それらは恒久的な経済システムの処方箋ではなく思考実験になり、制限が多く非現実的だと指摘した。これに対しオリバー・ウィリアムソン（後述）は、コースと彼の信奉者が契約の取引費用《コスト》を検証せずに「市場の驚嘆」を誇張しすぎていると論じている。[5]

　コストのかからない取引がめったに存在しない、あるいは、まったく存在しない場合、そこには多くの障害がある。なかでもきわめて重要なのが不完全および／または非対称な情報と不正行為（機会主義と上品に呼ばれることもある）のふたつであり、そのほかに資源《リソース》、力の不均衡、専門知識、リスク回避などがある。

　最適な経済的意思決定者として市場の力に頼ることを妨げる、もうひとつの状況がある。それは、取引に多くの当事者が関与している場合、および／または考慮すべき多くの変数がある場合だ。これにより、取引コストがとんでもなくつりあがる。この場合、政府の行動が、最もコストの低い代替手段になり得ることをコースははっきりと認識していた。その典型例が自動車公害であり、数億の関係者（自動車ユーザー）や無限の地理的位置の存在が交渉を不可能にしている。理論上は交渉可能だとしても、その移行コストは政府の規制による非効率性をはるかに上回ってしまう。このようにコースの概念上のシステムは自由市場支持者を引きつける一方で、明らかな、そして多くのパラメータ的な限界があった。実際コースの主張を注意深く読むと、重大な外部性や取引コストがある場合、あるいはコストのない取引に頼れない場合、市場は失敗すると示されている。

コースは明らかに市場支持者だが、現実世界の複雑性のせいで自身の概念上のシステムに限界があることを認めていた点は非常に興味深い。たとえ市場ベースの経済的意思決定が可能だとしても、現実世界の複雑性のせいで、コストのかからない取引に直接関与していない人々に影響を及ぼす外部性の解決を市場に委ねられないからだ。社会的コストに関する1960年の論文で彼はこう結論づけている。「……もちろん、経済問題を解決するためのさまざまな社会的取り決めのあいだでの選択は、〔限られた経済的ファクターを重視するよりも〕生活の全領域でのこうした取り決めの全体的な影響を考慮し、より幅広い意味で行われるのが望ましい」。そして、経済学者フランク・ナイトの言葉を引用して、「……厚生経済学の問題は、最終的には美学と道徳の研究へと取り込まれていくに違いない」と締めくくっている。[6] このようにしてコースは、ひと回りしてスミスの道徳感情論へと戻っているのだ。そのうえ、美学も道徳も不変的ではないため、それらを踏まえることで、何が受け入れられて、有用かつ効率的であるかという終わりのない対話が生まれる。つまり、現実世界とコストのない取引というコースの最適化された概念は、ある時期の、ある場所の、ある人々に影響を及ぼす経済課題に効率的な答えを導くために、互いに影響を与え合いながら、永続的なフィードバックループにかかわっている。

市場に解決をゆだねることの限界と問題点についてのコースの認識は、マーコウィッツの基本理論や、理論上のシステムが事実上は自己完結的であり、現実世界からの唯一のフィードバックメカニズムが証券価格であるMPTに対する他の研究者の見方とは大きく異なる。MPTには、非常に複雑な一連のシステムからのフィードバックを受け入れる余地がほぼない。

オリバー・ウィリアムソン——取引コスト理論

ノーベル経済学賞受賞者のオリバー・ウィリアムソンは、「制度を軽視する」新古典派正統経済学を拒絶し、新制度派経済学（NIE）を提唱した。[7] 新制度派経済学は「制度が重要」だとする信念を、スミスとコース（それぞれ違いはあるが）の制度を重視する要素と結びつけた。

MPTは、その基礎となったマーコウィッツの理論やその後の発展における制度の重要性を無視している。これは皮肉なことである。MPTの大いなる成功は、事実上、新しい制度（インデックスファンドや、機関投資家の増大など）を基盤としているからだ。そしてもちろん、MPTは信念体系や価値抽出のテクニックとして当時の既存制度に組み込まれている。これまで論じてきたように、みずからの成功の犠牲となったMPTは、制度の重要性に目をつぶってきたせいで、MPT支持者が基盤となる制度について批判的に考えられないようにしてきた。

ウィリアムソンの業績、とくに取引コスト理論の提唱は、MPTの閉じた目を開かせた。ウィリアムソンの研究は、学際的なもので、経済学と組織論の分野をまたいでおり、その多くは、制度に不可欠なガバナンス、制度への社会的影響、経済学がどのように制度を作るかなどが中心だ。取引コスト理論は、制度はいかにして最も効率的に取引をするかについて検証し、より大きな社会の変化と結びついている。ウィリアムソンはこう書いている。「財産権、契約法、規範、慣習などの変化がガバナンスの比較〔取引〕コストの変化をもたらすのであれば、通常、経済秩序の再編成が起こる」[8]。ガバナンスに対するウィリアムソンの着目はコースの企業論に由来する。だが、ウィリアムソンのおかげで、新古典派の枠組みでは検証されないブラックボックス的「生産機能」とされた企業を、ガバナンスとヒエラルキーの知り得る交点だととらえ直すことができるようになった。ウィリアムソンの言う通り、新古典派経済学は（暗黙のうちにMPTも）希少な資源を配分する際の選択の科学に注目している。対照的に、新制度派経済学と取引コスト理論は契約の研究に着目し、これには公的かつ私的な秩序も含まれ、どちらもヒエラルキーの形態であることからガバナンスが最重要となる[9]。

ウィリアムソンはより具体的にこう述べている。「取引コスト理論はゲーム理論と多くの共通点がある……契約の当事者は、みずからが置かれている戦略的状況を理解し、それに応じてみずからの位置づけを決めていると仮定される。とはいえ、取引コスト理論は、取引の複雑性にともなって合理性の限界が足かせとなるために、契約上の不完全性が組み込まれているという点で違いがある」[10]

コースやスミス同様、文化、人間の衝動、認知の果たす役割を重視するのは、企業組織論に関するウィリアムソンの見解に由来している。

ミルトン・フリードマン――ゲームのルール

MPTの限界を明らかにした主要な思想家のなかに、自由放任主義的な資本主義者の筆頭であるミルトン・フリードマンが含まれているのは、一見奇妙に思えるかもしれない。ニューヨーク・タイムズ紙に寄稿し、大反響を呼んだエッセイ「企業の社会的責任は利益を増やすこと」を読むと、執筆当時フリードマンは、スミスや他の先人たちと同じく、基本的な「社会のルールは法律に組み込まれているものも、倫理的慣習に組み込まれているものも」経済活動にとって不可欠だと理解していたことがわかる。[11] フリードマンの主張は倫理的慣習や法律を検証していないにもかかわらず、スミスの道徳感情や、コース、とくにウィリアムソンが重視したものと一致している。法律も倫理的慣習も不変ではない。時とともに変化するし、場所による違いがあり、経済的な組織や機能に絶大な影響を及ぼす。

だが、フリードマンの資本主義と企業のモデルは、スミスやウィリアムソンのモデルとは異なり、ガバナンス全般、とりわけコーポレートガバナンスの中心にあるエージェンシー問題を完全に無視している。これは「……経営者は企業を所有する個人のエージェントであり」、経営者（CEO）は「株主によって選ばれる」との彼の言葉にもよく表れている。1970年代のことだとしても驚くほど世間知らずな発言である。したがって、フリードマンが、マーコウィッツや新古典派の枠組みに組み込まれた同時代の他の人々のように、スミスのエージェンシー理論のみならず、1930年代から1960年代にかけてのアドルフ・バーリとガーデナー・ミーンズの最も重要な研究を無視したとしても驚きはしない。[12]

エージェンシーの機会主義の問題や、企業幹部のレントシーキング〔ロビー活動の一種〕へのインセンティブに気づいていなかったとしても、フリードマンが理論上は、倫理的慣習の重要性を認識していたことを理解するのは大事である。実際、市場ベースの自由放任主義的資本主義を支持する重要な文章は、前述のエッセイから最も多く引用されている。「企業の社会的責任はただひとつ、つまり資源を利用して、利益を増大させるために計画された活動に従事すること」は、社会が経済的に「合理的な」自己利益の衝動を抑制することを認識する警告で終わっている。「ゲームのルールに従っている限り、すなわち策略や不正のないオープンで自由な競争を行っている限り」と締めくくっているのだ。[13]

この警告が重要なのは、ダンカン・オースティンが言う「フリードマンのフィードバックループ」がここにあるからだ。フリードマンのフィードバックループとは、利益をあげることが企業の社会的責任であるならば、それには、政治的ロビー活動、規制の虜など「ゲームのルール」のプロセスと制度に影響および／または支配するための活動が内包されるということだ。そうした活動は、ルールやルールの不在の結果起こる負の外部性にかかわらず、大きな利益をもたらすことが多い。これはもちろん、社会力学がなければ存在し得ない慣習的規範やルールを損なうことになりかねないし、実際損なうことが多い。[14]

フリードマンは当該エッセイを投資家視点ではなく企業視点から書いたが、ほんの少し言葉を変えれば、投資家視点に置き換えられる。「投資家の社会的責任はただひとつ、つまり資源を利用して、ゲームのルールを守りながら、利益《リターン》を増大させるために計画された活動に従事すること」と。しかしこの置き換えには、大きな、本質的とも言える変化をともなう。システマティックリスクを減らすために、企業がシステミックな影響について考えるような影響力のある裁量を、投資家に与えることになるのだ。この行為は利益（あるいはリターン）を追求するものであり、ゲームのルールを守ることでもある。したがって、そのような活動は投資家の「社会的責任」だとフリードマンも言うだろう。フリードマンの言う利益の増大という企業の責務と、リターンの増加という投資家の責務のあいだには、市場ベースの力学がはたらく。このふたつの責務は必ずしも対立するものでも共時的なものでもない。フリードマンの「ゲームのルール」は、一般に考えられているよりも本質的かつ複雑なのである。

また、フリードマンの生きた１９７０年当時と今の時代では、ゲームのルールは大きく異なるだろう。もし、今日、執筆するのであれば、フリードマンは、企業が周囲の世界に影響を与え、それが他の企業に影響を与えるという循環的なフィードバックが生じることを、つまり（時代ごとの「倫理的慣習」に左右される）ゲームのルールが進化したことを認識するだろうか？　たとえば

1970年当時、企業の経営陣はほぼ白人男性が占めていた。だが今日、そんな状態は、すぐれた人材の確保や、経営陣の多様な観点から得られる恩恵をみすみす逃すことだと考えられている。もちろん1970年当時でさえ、フリードマンは奴隷制や海賊行為、封建的農奴制を使って利益を最大化することは支持しなかっただろう。なぜなら、当時のルールでもすでにこうした慣行を排除していた（少なくとも忌まわしく違法な慣行とされていた）からだ。したがって、フリードマンがゲームのルールに警告をつけたことは無視できないし、ゲームのルールは時代とともに変わる。実際、ゲーム自体が変わることもあれば、複数のゲームが重複して存在することもある。

カール・マルクス――MPTの革命性

第1章で述べたように、MPT革命が、少なくとも部分的にはわが子を食べてしまったのであれば、その理由を理解するにあたってカール・マルクス以上にふさわしい経済学者がいるだろうか。スミス、コース、ウィリアムソン、そしてある程度フリードマンでさえもが現実世界の変わり続ける規制、影響、経済的意思決定へのフィードバックについて記した一方で、マルクスは異なる点――理論自体が広く受け入れられていることの影響――について着目した。

スミスの約50年後に、マルクスは概念（理論）とは強い力を備えており、ひとたび広く信じられれば、経済的意思決定に影響を及ぼすと指摘した。「ただし批判という武器は、武器による批判の代用をつとめることはできない。物質的な力を転覆するには、物質的な力が必要である。しかし理論であっても、それが大衆を捉えるならば、物質的な力となる。理論はそれが人間に向けて展開されるならば、大衆を捉えることができるのだ。そして理論はラディカルなものとなることで、人間に向けて展開されるのである」[15]。ほぼ四半世紀後に起きたロシア革命は、少なくとも理論上は、マルクスの理論を採用（あるいは誤用）したためであり、その理論が力になり得ると言ったマルクスにいかに先見の明があったかを証明している。

そういった意味では、MPTはラディカル（根本的）なものではないが、すでに論じたように、広く取り入れられ、市場の行動を変えたという点で「行為遂行的」なものにほかならず、マルクスであれば「物質的な力」と呼んだかもしれない。ただしマルクスとは異なり、MPTは、理論が状況を変えられるとは認識していない。その結果、広く採用されたことで生じた、新たな解決の難しい課題に対応しきれずにいる。

違いこそあれ、スミス、コース、ウィリアムソン、フリードマン、そしてマルクスでさえも、経済、社会、理論と個人の決断との関係や、「道徳感情」「倫理的慣習」「ゲームのルール」、受け入れられた理論が時とともに変化した結果、経済的意思決定をも変えることを見落としてはいない。対照的にMPTは、静的かつ永久的に経済的「合理性」の力によってのみ動機づけされ、その結果、社会に束縛されず、その変化に影響を受けない単純化された功利主義的で自己中心的な計算に終始する経済人（ホモ・エコノミクス）を仮定する新古典主義の経済的伝統を重視する。すなわち、状況と結果の関連性を否定し、それらの変化が市場の経済的意思決定と市場外の世界とのあいだにフィードバックループを作り出すことを暗黙のうちに否定しているのだ。

まるで、金融市場は真空状態に存在すると信じ、そこで行われたことが自動的に、広く、現実世界と、経済や社会を支えるシステムに恩恵をもたらすとMPTが思い込んでいるかのようである。それは市場ベースの解決策が機能しないのはいかなるときかというコースの繊細な理解を無視し、根本的に限界のある見方であるうえに、投資家は時間とともにどのように進化すべきか（そして進化するか）についての一辺倒かつ静的な見方でもある。コースだけでなく、スミス、マルクス、ウィリアムソン、フリードマン、その他多くの経済学者に加え、第1章で論じた行動経済学者（トベルスキーとカーネマン）から何も学んでいないことになる。

この不可能なことをやるための唯一の方法としてMTPは、価格が世界の複雑性のすべてを完璧に導き、世界の進化に共時的に反応すること、完全に対称な情報が存在し、それがあまねく理解されていること、割引率が合理的であること、制度上のニーズや道徳的・宗教的な選択にもとづいて負うリスクタイプの選好がないことを仮定した。それはつまりボラティリティがすべてであるということだ。これらすべてを信じられなければ、MPTが、変化する倫理的慣習や、道徳感情や、ゲームのルールを完璧に組み込んでいると信じることはできない。これは価格の心もとない支えにとっては大きな重荷だ。そうした完璧な条件は必要ない、不完全さが市場を作ると反論する向きもあるだろう。だが、その不完全さは、標準の「異なる市場参加者が異なる価値を推測する」ことではなく、実際にはコースが主張するところの制限の一部である。コストのかからない取引が損なわれ、市場が社会にとって効率的でない場合に生じる。

倫理規範・物質的な力・マテリアリティ

歴史的な距離と観点をもって見てみると、規範、法律、規制、市場行動のあいだのつながりは明白だ。ある場所、ある時点において、社会的（市場）に受け入れられると考えられるものは、時代や場所によって、ときにはゆっくり、ときには急激に変わる。奴隷制は、奴隷でない人々のあいだではつねに論争の的だったものの（奴隷として扱われた人々のあいだでは意見はほとんど分かれていない）、初期の資本主義の要となったが、最終的には違法とされた（だが、今でも奴隷制のようなものは存在し、内密に続いている）。

児童労働、労働安全衛生基準、労働時間、差別（年齢、人種、ジェンダー、性的指向など）、その他多くの問題も同じだ。市場は不均一で直線的とはほど遠いとしても、最終的には調整される。個々の企業や投資家の実際の行動は、新たに進化した市場規範を法律や規制として体系化するよりも、たいがい速いかゆっくりかのどちらかになる。法律や規制は、その管轄内において、二項対立的かつ普遍的だ。つまり、法的地位の変更が発効された日以降は、これまでの慣行が許されるか、あるいは許されなくないかのどちらかになる。

対照的に、市場の一部は、おそらく法的地位の変更に寄与したであろう市場規範に関するコンセンサスの変化を受けて、法改正よりも先に動き出す。そのコンセンサスは普遍的でも即時的でもないが、先に動いた企業や投資家にしてみれば法改正は遅い。発効日を過ぎても（規制リスクをおかして）古い社会規範にしがみつく企業や投資家にしてみれば法改正は早すぎる。出遅れた市場プレーヤーは、これまで通りなのに罰せられたことや、ルールが変わったことに不満を漏らす。彼らは正しい。社会的価値観が変われば、何が価値やリスクを創出するかについての考えが変わる。そして、それを受けて法律も変わるのだ。

もちろん規範は、倫理や道徳に関するだけでなく、社会が許容できる行動すべての変化を包含する。科学への理解が深まれば、投資家、企業、一般の人々もこうした知見と向き合わざるを得なくなる。たとえば、地下水が汚染されると、その影響は生態系だけでなく、飲料水などの清潔な水が欠かせない生産や暮らしに及ぶことは大昔からわかっていた。だが、そうした理解が深まり、変化するにともない、新しい行動規範が発達し、そこからさらに新しい規制と法律基準が作られる。たいがいは、汚染企業の強い反対にもかかわらず。

これがMPTの世界観とどのように関係するのだろうか？　いや、関係しない。それこそが問題なのだ。

MPTは、静的でカプセル化された数学によって壁に覆われたエンティティになる。だが、それをとりまく経済の枠組みは現実であり、乱雑で、規範が変わり続け、道徳感情に動かされる、物質的な力の世界だ。当然ながらMPTは、価値がどのようにして生み出されるかを検討するための理論も経験も持ち合わせていないので（ポートフォリオの構築を通じて効率的に価値を抽出する指標として価格を使っているにもかかわらず)、価値観(倫理規範、道徳感情)から(経済的)価値への相互作用と進化について目を向けない。言い換えれば、MPTは、即時的な「as if」論の理論的枠組みだ。価値がどこから来て、どこへ行くのかも気にせず、みずからが価値をどのように高め、どのように低下させているのかも顧みず、与えられたものをそのまま受け入れる。効率的市場仮説は、価値の創造や破壊についての重要な情報が価格指標に含まれていることを仮定しているからだ。

マテリアルである、ではなく、マテリアリティになる

行動規範は、体系化されると、フリードマンいわく「ゲームのルール」になる。その「ルール」は、リスクとリターン、企業とセクター(よって生産性)との相互関係、そして広い意味での社会的・環境的な「コモンズ」に影響を及ぼす。スミス、コース、マルクス、ウィリアムソン、フリードマンとは異なり、MPTはこのすべてを前提として受け入れる。MPTの行為遂行性は、ソーシャル「コモンズ」、「価値観」の社会的認知、(投資家のニーズに応じたリターンではなく、市場に対するリターンに集中することによって)投資リターン自体への影響を、投資家たちに見えなくさせる。市場――とりわけ資本配分とガバナンス機能――と、現実世界へのその影響とのフィードバックループは、理論の視界から外れている。MPTは、金融市場への影響とその後の世界への影響を通して、価値観から(経済的)価値へのダイナミクスにおいて、みずからが正または負の役割を果

たすかどうかを問うことはない。ネガティブ・スクリーニングに関する1970年代の認識は、今日では調和に欠け、無神経で、近視眼的だが、過去においても現在においてもMPTのビジョンと一致している。もし資本市場が今日はアパルトヘイトを支持していながら明日は支持しないとしても、それはそれでいいのだ。今日の価格は割り引いた明日を正確に反映している。

MPTは、価値観から（経済的）価値へのダイナミクスにおいて中立ではない。というのも、現実世界と価格のあいだのフィードバックを制限することによって、もしくは価値とリスクの源泉に向き合うことによって、市場全体のリターンを改善するのではなく、むしろ相対リターンを重視するからだ。MPTは、その教訓に従う投資家の現実世界の結果を受け入れることで、意図せず共謀しているのだ。

価格が効率的な唯一のフィードバックメカニズムだとの考えは、情報が完全に普及し、将来のキャッシュフローの双曲割引がなく、価格摩擦が起こらない完全な効率的市場という仮定をも超える。たとえすべてを仮定したとしても、価格は市場を均衡させる取引であるため、手っ取り早い評価基準になる。それゆえ、価値観から（経済的）価値へのダイナミクスの、多種多様で複雑な力学は伝わらない。その力学のなかには、何らかの理由からその時点の価格で取引しようとしない市場関係者、そして市場外の利害関係者《ステークホルダー》が含まれる。価値観から（経済的）価値への進化に参加するステークホルダーは、市場以外の活動を通じて社会規範に貢献する。こうしてまた市場に影響を与え、ひいては社会規範に影響を与え……と続いていく。

価値観は社会規範に融合するあいだは伝統的に、「非財務」「財務外」と呼ばれてきた。2010年頃から使われているより良い呼称は、「財務未満」だろう。規範の変化と、最小限必要な数の投資家、企業、一般の人々、規制当局に受け入れられた新しい理解が財務面にかかわっていることを明らかにしているからだ。財務的・法的な観点でそれらはマテリアル（重要）になったということになる。[16]

何がマテリアルであり、何がマテリアルでないかを支える一般的なプロセスは、市場の社会的構成として説明されることが多く、社会学者、人類学者、経済学者、組織理論家らによって広く研究されてきた。[17]だが本書でとりあげるのは、それまで無関係と考えられてきたものを金融市場がどのように、そしてなぜ金融・財務的に重要であり、ときに法的に重要であると認識するようになるのか、また、このダイナミクスを無視することがどのようにMPTの不完全さとなるのかについてだ。多くの場合、環境、社会、ガバナンス（ESG）のデータを例として使っていく。

人間の知識と信念が進化すれば、何がマテリアルであるか（市場慣行や法律と規制の要件を反映した）の詳細もつねに変わってきた。だが今日、何がマテリアルであるかを認識する方法ですら変わる。ビッグデータ分析の登場によって、重大なセンチメントの変化がリアルタイムで追跡できるようになった。このテクノロジーはまだ新しいものだが、当初の報告によれば、個々の銘柄、企業、セクター、市場全体にとって、どんなときに何がマテリアルかを特定できる可能性が示されている。そして、一定の範囲内で何が将来マテリアルになるかという確率的トレンドも示すこともできた。[18]ロジャーズとセラフェイムはこう述べている。「……マテリアルな問題とマテリアルでない問題のあいだには明確な線引きがあるという誤解がある……ステークホルダー、規制当局、または業界の混乱の圧力を受けると、外部性は〔企業に〕内在化されかねない」[19]

この観点からのマテリアリティ（重要課題）は、もともとあるわけではなく、時とともにできあがっていくプロセスである。ロジャーズとセラフェイムが示している、そうしたことが起こるプロセスは、本章前半でスミスからフリードマンまでの経済学者を挙げて説明したプロセスに似ている。企業慣行と社会規範の違いが大きい場合、マテリアルになるプロセスが促進される。すると、こうした変化に対するステークホルダー（投資家を含む）の反応が、注目を集める。さらに企業は、つねにとはいえないまでも、しばしば自社の利益や評判が脅かされていると感じているかのような反応を見せる。最後に場合によっては、マテリアルと考えられるものを成文化するか、さもなければ変更を加えるための規制措置がとられることもある。

このようなマテリアリティの社会的構成の手法は、ビッグデータ分析を使うことで追跡、評価、（ある程度）予測できる。2020年はじめに発表された世界経済フォーラムの論文は、ロジャーズとセラフェイムと同様の指摘をしている。とくにサステナビリティ会計基準審議会（SASB）と気候関連財務情報開示タスクフォース（TCFD）に準じた、情報開示基準の導入を企業側に促す圧力が、さまざまなテクノロジー（炭素排出の衛星画像や、AIや自然言語処理を用いた第三者によるビッグデータ分析など）によって可能になっているという。

投資家は、今日マテリアルに関して、企業から提供されるより良質の情報と、明日マテリアルになるだろう課題に関する情報を依然として必要としているが、企業はもはや、かつてように自社の行動にまつわる情報を管理・支配することはできない。同様にステークホルダー（および資産運用機関とアセットオーナー）の関与が拡大していることの根底には、金融市場全体の健全性と自分たちの多様化されたポートフォリオにどのように影響するか、そして負の外部性と、その外部性が経済や社会の成長セクターにどのように影響するかについての懸念の高まりがある。こうした力の集約は強力であり、長期にわたって存在する。[20]

金融情報大手ファクトセット傘下のビッグデータプロバイダー、トゥルー・バリュー・ラボ（ホーリーが応用研究責任者、ルコムニクがアドバイザーを務める）は、リアルタイムのステークホルダーデータ（世界・国内・地方のメディア、非政府組織やステークホルダーレポートなど）を追跡し、AIの要素（自然言語処理や機械学習）を使って、体系化されていないテキストベースのデータを数値化できるようにしている。同社は、SASBが業界およびセクター別にマテリアルと定義するファクターを過去のデータを使用してバックテストし、注目すべき傾向をいくつか見つけた。半導体と石油・ガスセクターのケーススタディでは、マテリアリティは流動的で、時間の経過とともに（2009年から2019年にかけて）変化していることがわかった。また、過去データの検証試験と分析によって、SASBが数年後にどのファクターをマテリアルと定義するかが予想できた。SASBの協議プロセスは、時間・労働・コスト集約的であり、包括的なものだった。ステークホルダーの専門家グループ、公開審議、民間意識調査期間、集中的なマンパワーによる調査を利用し、何千人もの参加者を集めて行われた。一方、トゥルー・バリュー・ラボによるビッグデータ分析は、コスト・時間・労働力もそれほど使わずに同じ結果を得た。とはいえ、こうしたビッグデータ分析が従来のプロセスに取って代わると言いたいわけではない。ＳＡＳＢのプロセスには、マテリアリティが判断されるたびに、それが社会化されるという利点がある。さらに重要なのは、マテリアリティが社会的に構成されるという事実は、ある特定の時点において、特定の市場、業種、企業にとって、何がマテリアルで、何がマテリアルでないと考えられるかに関する投資家や他のステークホルダーによる承認が求められるということである。そうでなければビッグデータ分析は誤った予想を導く。だがトゥルー・バリュー・ラボの分析からわかることは、ビッグデータ分析が少なくとも一部のケースにおいて、市場参加者が気にかける課題に的を絞れることを示している。このような分析は、マテリアリティがどのように、いつ、どこで、どの程度、マテリアリティに「なりつつある」かを継続的に追跡するための基盤となり得ることも示唆している。[21]

別の研究も、いかに昨今のテクノロジーが、マテリアルになりつつあるものの進化を追跡し、そうした変化を他のデータの動向に結びつけられるかを示しはじめている。そして、それをほぼリアルタイムで行っている。セラフェイムらは、「……２０２０年の新型コロナウイルス感染症によって引き起こされた市場の暴落の際に、投資家が企業の人的資本、サプライチェーン、経営危機への対応にもとづいて企業間で差別化を図るのかどうかを調査した。［その結果、ＳＡＳＢにもとづくESG」センチメントがよりポジティブな企業は競合他社よりも機関投資家からの資金フローが高く、リターンのマイナス幅も低いという発見に至った」。

研究期間はきわめて短かったが（2020年の2月から3月にかけての4週間余り）、マテリアリティの爆発とでも呼ぶべきものが示された。マテリアリティの急増は急速なパラダイムシフトのなかで起こる。新型コロナ感染拡大は明らかに例外的だが、この研究の目的としては、指数関数的に加速された「マテリアルになる」プロセスをきわめてよく表している。コロナ以前は、マテリアルではないか、さほどマテリアルだと考えられていなかったファクターが、周囲の社会的状況が変化するにつれて、きわめてマテリアルになったのだ。

たとえばこの研究では、人的資本およびサプライチェーンのレジリエンスの社会的測定値と、（大幅な下げ相場における）株価の相対パフォーマンスのあいだに、統計的に強い相関が見られただけでなく、感染拡大が始まった最初の何カ月かのあいだに統計的に有意な、機関投資家の資本流入の増大が見られた。[22]「マテリアリティの爆発」は、現実世界の状況がMPTの理想とする条件に最も近づくことなのかもしれない。そこでは情報の爆発があり、情報は急速に普及・分析され、価値観から（経済的）価値へのダイナミクスが加速し、それまで無視されてきたファクターがきわめて短期間のうちにマテリアルになる。ただし、これは現実世界でのMPTの現代の妥当性からはほど遠い。

まず、最も明白なのは、極端な状況でしか機能しない理論は広く適用されず、単なる思考実験にとどまることだ。ある意味、コースが夢見た自由な市場を想起させる。ただし、多くの場合、そうしたものを包含する現実世界の状況は不愉快で不効率である。次に、セラフェイムらの研究で使われたトゥルー・バリュー・ラボのデータは、ほぼリアルタイムのものであり、価格の動きを先行するものだった。そしてそれは、価格へのインパクトという点ではまだ「マテリアル」になっていない、新型コロナの影響が明らかになる前の企業の既存の状況を映し出していた。つまり、「マテリアリティの爆発」の状況においても、MPTには、情報の効率的な普及と吸収を通じて非価格の先行指標を考慮に入れられないことが、時間差の点から矮小化されてはいるものの、示された。

新型コロナの感染拡大によって、データ収集の新手法を現実世界でリアルタイムに試す状況が提供され、急速に加速される過程で「マテリアルになる」という考えが示され、「動的なマテリアリティ」が実証された。別の研究では、新型コロナに関連する5つの特定のカテゴリーにおいて、2020年1月下旬のヨーロッパとアメリカで感染が拡大しはじめた頃は、取り込まれたニュースの量が全ニュースの10パーセント強だったが、3月の第3週にはおよそ60パーセントまで爆発的に増加した。投資家がマテリアルと考えたと見られる新カテゴリーの爆発的な増加の詳細は、業界やセクターごとに異なるが、経済全体に影響を与えた。どのカテゴリーも、コロナ前は多くのセクターや業界でマテリアルとはみなされていなかった。新しいマテリアルファクターの爆発的増加は、4週間で起こった。トゥルー・バリュー・ラボの研究でトム・クーは、ビッグデータ分析がマテリアリティを議論に加えることができる部分を示していると述べている。[23]

　こうした近年の研究は、マテリアルになるプロセスのより複雑で、微妙な意味合いをもつ、実証にもとづいた見方を示している。この流れを汲んで、コンソランディ、エクレス、ギャビは論文のなかで、マテリアリティ強度という考えを発展させ、みずからがマテリアリティの財務強度と呼ぶものに着目している。これは、その業界セクターにとってマテリアルであるかどうかには関係なく、企業にとって重要《マテリアル》な課題の数を、潜在的な課題の総数と比較した業種セクターごとの割合である。加えて、マテリアリティの財務関連性と呼ぶものについての分析も行っている。

　財務関連性とは、特定のマテリアルに影響を受けるバリュードライバーと、ＳＡＳＢによって特定されている13のバリュードライバーを比較したものだ。両者を算出することによって、マテリアリティが何を意味し、それをいかに分析するのか、そして市場は何に報いるか（株式のプレミアムとして）に関する、より微妙な見方を発展させた。「マテリアルか否か」という静的な二分法を超えて、「財務関連性とＥＳＧマテリアリティの強度」に的を絞ったのである。[24]マテリアリティの財務関連性と、マテリアリティの強度が重なったときにのみ、株式プレミアムという観点から、統計的に有意な結果になることも発見した。彼らはこう結論づけている。「投資家にとって、わたしたちの結果は、投資家が（ＥＳＧファクターの）ＥＳＧモメンタムを考慮するとき、マテリアルな課題の集中度をポートフォリオ管理のひとつの判断基準として着目する必要があることを示している。市場は、マテリアルな目標が多すぎれば信用できないと考える。量は少なくても、質の良いものがいいのである」[25]

少なくとも市場に関する限り、マテリアリティとは何か、マテリアルになるものとは何かを再定義しようとしているのかもしれない（すでに論じたように、法的な定義は市場のコンセンサスのあとになることが多い。ただし、つねにそうだというわけではないし、決まった期間もない）。

ポートフォリオとシステムレベルのマテリアリティ

もしMPTが、物事がどのようにマテリアルになるかを考慮しないのであれば、その反対も事実である。マテリアリティの定義は、世界が今日いかにMPTの重視することに従って投資をしているかを考慮していない。法的にいうと、アメリカにおけるマテリアリティは、分別のある投資家が特定の銘柄に投資する際にどのような事実を考慮するかということだ。このあと説明するが、アメリカ以外の国々、とくにEU（欧州連合）では、新たに出現した「ダブルマテリアリティ」原則を通じて投資家の情報ニーズだけでなく、社会またはステークホルダーを考慮する。

ただし、アメリカとEUどちらの枠組みにおいても、マテリアリティは企業やその他のエンティティに関する事実または情報開示に関連している。だが、MPTの本質は、投資ポートフォリオ全体を重視するものであり、ひとつの企業が発行する一銘柄のパフォーマンスではない。投資家がリターンを生み出すものとしてシステマチックリスクを重視するのであれば、個別企業の区分化された情報以上に関心を広げようとし続ける。確かに企業による情報開示や、証券に関する事実は必要だが、合理的な投資家が投資の意思決定をくだす際に知りたい情報がある。それは環境・社会・金融システムの健全性と、そうしたシステムがポートフォリオに与える影響である。

というのも、新型コロナ感染拡大に端を発したマテリアリティ爆発の例で見たように、環境・社会・金融システムは、ポートフォリオのリスク・リターン特性に突然、深刻な影響を与える可能性があるからだ。システムの健全性に影響を及ぼす展開を判断するために必要な情報の一部として、ポートフォリオを重視する投資家は、当然ながら、さまざまな企業がそうしたシステムに対する影響に関心を持つはずだと思うかもしれない。だが、企業は、投資家のポートフォリオにとってマテリアルではあるものの、自分たちの株価にさほど影響しない情報開示には応じようともしなければ、そのコストを負いたいとも思わない。EUの新しい「ダブルマテリアリティ」原則（後述）は、システムの健全性の評価基準を実際に作れずにいる。これはMPTのパラドックスによく似た、情報開示とマテリアリティのパラドックスだ。システムに関係する課題はポートフォリオの総リターンに大きな影響を与えるにもかかわらず、マテリアリティは個別証券をとりまく概念として構成されている。正負にかかわらず外部性は、一企業にとってはまさに外部のものである。その企業の株式に対する投資の決定にはマテリアルかもしれないし、そうでないかもしれない。簡単に言えば、マテリアリティはコモンズの悲劇、よりあからさまに言えば、ポートフォリオの悲劇の問題である。個別の銘柄に対するマテリアリティを定義することによって、現在の定義は実際には、システマチックリスクの力に慣れた多様な投資家が、ポートフォリオのリスクとリターンの源泉となる重要な事実を評価しにくくしている。

EUの試み――ダブルマテリアリティ

本稿執筆時点で、価値観から（経済的）価値へのダイナミクスの大きな見直しと、マテリアリティの再定義がEUで起きている。気候変動リスクの緩和に向けたEUの社会規範の変化を重視しつつ、マテリアルになるプロセスは「グリーン（環境への配慮）」という考え方を取り入れた市場の一部をはるかに超えて、今は着実に成文化のプロセスにある。2016年のパリ協定にもとづいて、2050年までにEUをカーボンニュートラル（温室効果ガスの排出をゼロ）にすることが目標とされているのだ。欧州グリーンディールとサステナブルファイナンスに関するアクションプランには多くの要素があり、本稿執筆の時点で、どちらも目標が定まらず、絶えず変化している。

だがここでは、それらは脇に置いて、規範と政治の変化が規制、基準、情報開示にどのように影響するか、そしてこれが価値観から（経済的）価値へのプロセスの重要段階であるマテリアリティの定義にいかに影響するかを検証しよう。

グリーンディールとアクションプランは、サステナブルファイナンス、環境基準とカテゴリーの分類法《タクソノミー》、グリーンボンド基準、気候ベンチマーク、情報開示など、EUのワークストリームの多くを包括している。たとえば、気候に関するEUタクソノミーは、当初は気候変動の適応と緩和分野にのみに的を絞っていた。どちらも企業に対して基準にのっとった非常に具体的かつ技術的な情報開示を求めた。これらは金融会社のポートフォリオ構成が「グリーン」であるというラベルを貼るために必要なデータを提供するのに必要なもので、うわべだけの環境保護《グリーンウォッシング》を減らしたり、排除したりするためのものだった。[26] タクソノミーは辞書であり、義務づけられた一連の基準、すなわち投資リストでも除外リストでもない。企業や金融機関の商品に対して、環境的に持続可能《サステナブル》な活動を奨励するための比較基準を設けるようとする試みだ。[27] グリーンディールとアクションプランは、標準設定のダイナミクスと標準化された企業の環境的（また社会的）情報開示において明らかにグローバルな影響を与えるだろう。

ＥＵの行動は、規範の変化を反映し、それを体系化した、政治的かつ社会的な運動である。これらの課題の多くはシステミック（たとえば、気候、生物多様性、コロナ後の制度の健全性のレジリエンス）なものであり、ポートフォリオに分散不能なシステマティックリスクを生じさせる。だが、こうした規制の流れと行動は、市場リスク（β）を外部から再定義することになる。さらに、コーポレートガバナンスへの関与や議決権行使、さまざまな投資家による社会秩序の圧力を通して、市場リスクの特性を変えようとする（より良いβにする）金融市場参加者自身による試みを補完するものだ（そうした試みによって起こることもある）（第5章参照）。ＭＰＴ、効率的市場、情報の即時吸収の限界は、マテリアリティを「ダブルマテリアリティ」と再定義するＥＵの要請を受けて、大きな注目を集めている。

２０１９年、ＥＵは気候関連財務情報開示タスクフォースと非財務情報開示指令に準じて、企業向けのガイダンスを更新する冊子を発行した。[28] その冊子には、開示指令は「……ダブルマテリアリティの観点がある」と書かれている。前半では義務づけられた財務会計情報の開示よりも広く定義されているが、投資家にとって重要なものである。気候に関連する情報は「会社の開発、業績、ポジションを理解するのに必要な場合は、報告すべきである」と述べている。この、ダブルマテリアリティの最初の部分は、SASBの見解に一致しており、気候ファクターが企業にどう影響するかに関するアウトサイド・イン（外から内へ）の視点である。

だが、マテリアリティの第二の要素は、インサイド・アウト（内から外へ）の視点であり、企業の外部に対するインパクトが「……市民、消費者、従業員、地域社会、市民社会組織」にどう影響するかを開示する「……〔のは、〕ますます多くの投資家が、気候による投資ポートフォリオへの影響をより深く理解し評価するために、投資先企業の気候への影響を知る必要があるからだ」。よって、開示指令には拘束力のない文言で、「企業は、これらふたつの観点のどちらかにとって気候がマテリアルな課題だと判断する場合、提案された情報開示の使用を考えるべきである」とある。

ダブルマテリアリティの考え方については図4-1で示した。[29]

開示指令はこう明らかにしている。こうしたマテリアリティのふたつの側面は「重なる可能性が高い……気候変動に対応して市場と公共政策は進化するため、企業が気候に与える正および／あるいは負の影響は、財務上のマテリアルなビジネスチャンスおよび／あるいはリスクへと変換

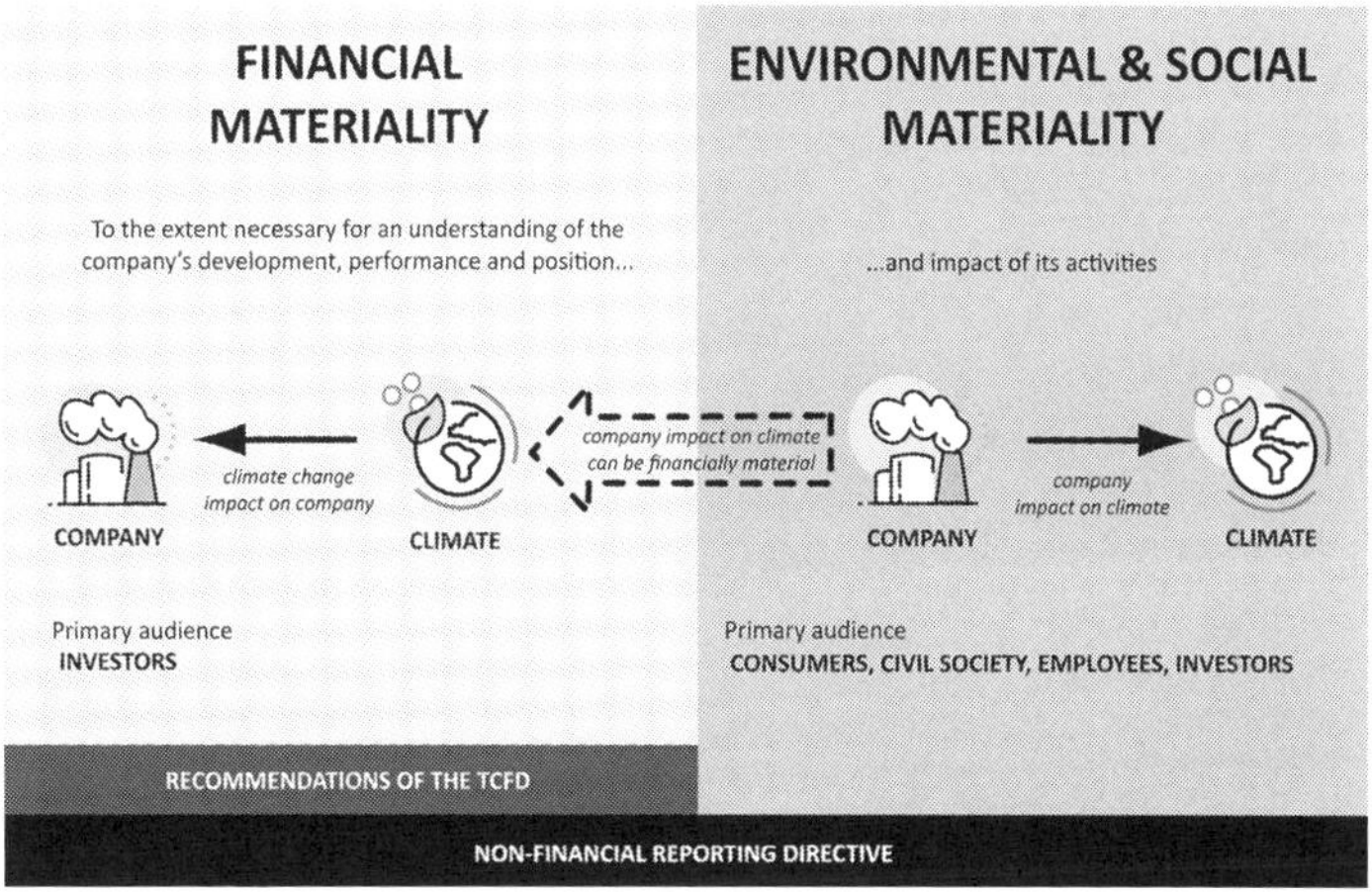

図 4-1　ダブルマテリアリティ

出典：EU consultation document on the update of the non-binding guidelines on non-financial reporting

されることが増えつつある」[30]。実際のところ、ダブルマテリアリティは、財務的な重要性に関する従来の投資家の見方と、インパクトを重視したステークホルダーの見方（ステークホルダーの定義は非常に広い）を強引につなぎ合わせているだけのように思える。企業は社会に対して何をするのか、特定の社会的セクターや地域などにどのような影響を与えるのか。[31] しかし、こうした一見わかりやすい線引きは容易に動くうえに、ふたつの関係の実際のダイナミクスを矮小化する。開示指令の「重なる可能性が高い」という文言は重要な要素を示している。価値観と（経済的）価値が「マテリアルなダイナミクスになる」ことに直接関係するものだが、投資家と他のステークホルダーの関係は重なり合う以上のものだ。だがそれ以上に、動的な共生関係がそこにはある。相互の関連性において、ふたつの異なる「存在」は、ときには有益であり、ときには対立し、決して静的ではない。ここで重要な要素は、フィードバックループ、大手の支配的投資家の広範な経済への構造的統合（第1章で論じた）、その「社会」への依存である。ステークホルダーとストックオーナー／ストックホルダーのあいだには明確な線引きはなく、彼らは、組織、個人、利益から成る複雑な連続体である。

ある意味これは、自己利益と他人に対する共感を、対立的なものではなく補完的なものとしたアダム・スミスの視点を、21世紀に機関化したものだ。だが、スミスはこれをEU発足の250年前に書いているにもかかわらず、一面では先進的だった。というのも、一個人が「内から外《インサイド・アウト》」と「外から内《アウトサイド・イン》」への両方の動機を持ち得ることを指摘していたからだ。一方EUは、投資家はあくまで投資家であり、それ以外のステークホルダーはつねに投資家でないステークホルダーであって、両者が交わることはないと考えているようである。現実は、とりわけ今日においては、はるかに複雑だ。

第1章で論じたように、市場の構造変化、とくに資産の管理・運用の機関化は、大半の資産運用会社、さらには大半のアセットオーナーまでもが、資本を仲介されている預金者にとって受託者であることを意味する。こうした預金者もステークホルダーなのだ。さらに、資産運用機関やアセットオーナーは、投資先企業の外部性（内から外《インサイド・アウト》へのマテリアリティ）に少なくとも部分的に関心を抱くユニバーサルオーナーになる可能性が増している。そうした外部性が環境・社会・金融システムに影響を与え、ポートフォリオ全体の健全性を左右することを理解しているからだ。よって投資家にとって、内から外《インサイド・アウト》への影響が外から内《アウトサイド・イン》への影響になる。これはステークホルダーとストックオーナー／ストックホルダーのあいだにあると言われるギャップを、埋めることができる。

マテリアリティの「シンギュラリティ（特異点）」を動的かつ新たなものとして概念化することは、ユニバーサル（とそれ以外の）投資家とユニバーサルオーナーに着目する場合、外から内《アウトサイド・イン》と内から外《インサイド・アウト》への外部性の両要素を含む。少なくとも市民社会や投資家にとって重要かつ重大な課題を軽んじているわけでもなければ、EUのダブルマテリアリティの概念が、アメリカの限定的な（ポートフォリオではなく）個別の証券に対する外から内《アウトサイド・イン》への評価から大幅に改善していることを否定しているわけでもない。むしろ、マテリアリティの価値観から（経済的）価値へのダイナミクスの複雑さを浮き彫りにしている。

拡張型リスクと拡張型仲介

マテリアリティをインサイド・アウトとアウトサイド・インに分けることは、ある意味、個人や組織が実際に情報をどう理解するかを単純化したものだが、これには利点がある。価値観から（経済的）価値へのダイナミクスを明らかにするにあたって、一企業または一銘柄に関する限定的な財務情報がマテリアルと定義されることからの大きな改善である。また資産管理のふたつの目的にも対応している。第2章で仮定したように、資産管理は規範的にはサービス機能であるべきだ。とりわけ、資産の管理・運用は投資家にとって、リスクを低減し、リターンを創出して（外部のマテリアリティ）、実体経済が必要とする場所に資本を割り当てる（内から外へのマテリアリティ）。これはさまざまな目的のあいだにある関係を単純化しすぎているが、目的を理解することは、資産の管理・運用の存在理由である共通利益の反復そのものを否定する。「金を稼ぐ」ことは資産運用業界では目的ではなく必要条件だ。生きていくうえで呼吸が必要なのと同じように、呼吸が人生の目的ではない。もちろん利益を過小評価してはならない。呼吸をしなければ命が終わるのと同じように、利益は資産運用業界に報酬をもたらし、業界を存続させる。利益がなければ、業界は存続できず、リスクの低減と仲介は止まる。だが、業界存続のために不可欠なインプットと、業界のより大きな社会経済的目的とを混同するのは間違いである。

このより大きな目的に目を向けてみると、投資期間の問題が議論から抜け落ちていることが浮き彫りになる。これまで、価値観から（経済的）価値へのダイナミクスが時間とともにどう変わるかを論じてきた。資産の管理・運用が（ビジネスとして、また別の意味で）持続可能であるためには、システムがリスクとリターンの最適化と仲介を現在どれだけうまく実行しているか、現在の決定が将来のリスク・リターン特性と資本配分にどの程度良い影響を与えるか、というふたつの機能が満たされなければならない。異時点間の対立は、今日は妥当だと思われる決定が、明日には受け入れられないことだ。あるいは、より有益なものになる場合もあるだろう。

遠い将来のことを考えない場合であっても、リスク低減とリターン回収は理解するのも実行するのも、たやすいことではない。リスクは多面的であり、ひとつのリスクを最小化すれば、別のリスクが増大することもある。たとえば、資本を永久に失うことを、多くの人々は何より恐れる。現金に投資することでそのリスクを低減する人もいるが、一方でインフレーションリスクを負うことでもある。さらに、仲介にも影響する。なぜなら現金は、たいがい銀行や金融機関に結びつくものなので、仲介と経済成長が資する資金は、株式ではなく、債務や融資のようなものになるからだ。適切なリスクとリターンの水準を求める投資家と仲介業者の複雑な関係は絶えず存在する。

相対的に見て、現在のリスク低減はMPTがすぐれている。分散の数学によって、リスク1単位ごとに可能な限り最高の金銭的リターン（ボラティリティ）を生み出す。これは、より広範で、より発展したMPTの伝統にも当てはまる。マルチファクター投資戦略やファクターに高度に注目したポートフォリオであっても、目標はリスク1単位当たりのリターンの最大化であることに変わりはない。しかし、これらはリスク低減には必要だが、不十分である。

2008年の世界金融危機を考えてみると、分散は、良く言ってもリスクの低減には相対的に効果がなく、最悪の場合にはシステムの崩壊に寄与した。分散は市場をありのまま受け入れ、最も変動の小さいポートフォリオさえリスクが高い場合でも、最もリスク効率の良いポートフォリオを抽出しようとするからだ。だが、それ以外にもMPTが見逃しているリスク管理の側面がある。リスク管理は、多面的であると同時に、多重時間的である必要がある。要するに、リスク低減は、リスク1単位当たりの投資家の財務リターン（そして、システムの健全性に関する相対リターンだけでなく総リターン）にかかわるものだが、財務リターンが費やされる条件も重要である。

従来の財務リスク評価は、現在の金銭的なリターンにのみ注目している。だが、そのリターンは、MPTとよく似て、現実から遮断されている。この場合、リターンは生活状況から切り離されている。つまり、将来の収入（投資の結果）にまつわる生活状況が浪費されるということだ。個人に支払われる年金は、当然ながら、引退後の生活状況に応じて使われる。たとえば、伝統的な財務的観点によれば、予想外の長期にわたるインフレやデフレは、未来の時点で振り返ってみると、過去にリスクとリターンの決定がどれほど効率的に行われたかについての判断を変えてしまう。生活状況の点から見れば、気候変動や公害が個人の健康と幸福（あるいは持ち家などの資産価値）に影響を与える場合、どれほど大きな財務リターンがあっても貯蓄や投資のスタート時に存在したかもしれない生活状況を買うことはできない。あるいは、もし所得格差の拡大によって引き起こされた社会不安のせいで、ディストピア的SF映画のような、ゲーテッドコミュニティ〔警備員や電気フェンスで囲まれた住宅地〕で（あるいはそうした居住区域を外から眺めて）暮らすことを余儀なくされたとしたら、財務リターンは社会的つながりのある環境で暮らせないことの埋め合わせにはならない。

もっと専門的に言えば、将来の生活条件に値をつけるための、市場を均衡させ、人生の割引価値を算出する計算式はないということだ。割引価値とは、将来のキャッシュフローを個人の効用という観点から、現在のキャッシュフローと等価になるよう平常値化したものである。原則として、個人の私的効用を考慮に入れるか、より広くは社会全体に影響を与える生活条件の変化の効用価値を考慮に入れ、正味現在価値（NPV）として概念化する。こうした割引率が受け入れられるかどうかは、さまざまな形で生活に影響を受ける人々の認識に大きく左右されるだろう。個々人の効用価値を算出するのはとりわけ難しい。だが、正味現在価値の算出に関して数学的な精度が欠けていることは、将来の生活状況（リスクファクターとして）と今日の金融市場との、直接的かつ即時的な結びつきを否定するものではない。

これは「マテリアルになる」フィードバックループのもうひとつのインプットである。ディストピアであろうと、ユートピアであろうと、あるいは単に異なるものであろうと、未来の状態の見通しが、多少なりとも可能性が高いものとして受け入れられれば、それを促進・抑制するファクターは事実上マテリアルとみなされる。たとえば、地球温暖化の考え方が理解され、受け入れられるにつれ、人々は温室効果ガスの排出をマテリアルと思いはじめた。なぜなら、高まるリスクを低減しようと意識するようになったからだ。言い換えれば、温室効果ガス排出量の増加は、今日、特定の企業のリスクとリターンに影響を与えるほどではないが、明日の生活条件を変えるかもしれない。そのような未来に対して、誰もが同意する割引率がないという事実によって、市場、社会、ＥＵ規制当局がそれをマテリアルとみなすことを止めてはならないし、止めるべきではない。

拡張型リスクの低減は、最初はマテリアリティに向かう価値観から（経済的）価値への進化（たとえば、ほとんどの人は将来、生物多様性が脅かされ、海面上昇によって海岸都市が水没し、人間の健康に害が及ぶような暑さのなかで暮らしたくないため、これらの価値観は重要《マテリアル》になる）のもうひとつの過程のように思えるかもしれないが、実際には、あるひとつの重要な側面で価値観から（経済的）価値へのダイナミクスとは異なる。拡張型リスクの低減分析は、気まずいものではあるものの、そうした問題の決定を価値観や「道徳感情」ではなく、（経済的）価値にもとづいて行っている人がいることを認めている。つまり、すべての人に対して、将来の生活条件の割引率を算出することはできないが、個人はヒューリスティックをもとに、将来の生活条件と引き替えに現在の金銭的報酬をいくら受け取るかを暗黙のうちに計算しているのだ。よって、今日の金銭的リターンと引き替えに、地球温暖化の世界を進んで受け入れようとする者がいるのである。拡張型リスクの観点から見ると、分析は3つのパートからなる数学的問題となるが、その定量化は難しく、多くの場合不可能である。地球温暖化を進んで受け入れようとする人々は、どんな理由からそうするのだろうか？

1　将来にそうしたことが起こり得るのを疑っている（たとえば、気候変動を心配する人々とは対照的に、気候変動を否定する人々がいる）。また（あるいは）人間の行為が、起こり得る将来の状況の原因であるという科学を疑っている。

2　将来の生活条件を埋め合わせると思われる金銭的報酬（たとえば安いエネルギー）を現在受け取っている。

3　気候変動を心配する大多数とは異なる割引率を将来の状態に当てている。

資産の管理・運用のふたつめの目的である仲介は、預金者と投資家の資産を集めて、実体経済に生産的な方法で移転させている。ついでに言えば、仲介は、実際のところ、リスクの低減と重複する。資産を集めることで、個人や個人の小グループが独自に行うよりも、より大きなリスク分散が可能になるからだ。理論上は、仲介には資産を集める必要はないが、実質的に、仲介される資産の大部分はそうした面がある。

だが、リスク低減と同様に、仲介は拡張する必要がある。違いは、一時的かつ水平的に拡張することである。すなわち、システムに対する仲介の影響だけでなく、資本の提供者とその資本の最終的な利用者に対する時間の経過にともなう影響まで視野を広げることだ。

今日の仲介の状況――何十もの代理人が預金者とその投資のあいだに介在する――は、ときに預金者を資本提供者としての権利と責任から遠ざけてしまう。時間の経過にともなう生活条件の変化を考慮しながら仲介の拡張を考えるのは、その距離を縮めるひとつの方法である。具体的には、経済と社会への資本の効率的な配分にさらに重点を置くことだ。拡張型仲介の分析の重要な要素は、資産の管理・運用がいかに経済的な外部性のコスト（あるいは便益）について説明責任を負うか（または典型的には負わないか）である。正または負の外部性は、契約、プロセス、製品、サービスなどのコストを負う、あるいは便益を受けることを選択しなかった人々に対する影響である。たとえば工場が、処理が不十分な廃水を川に流し、下流の水の利用者は影響を受けるのに、廃水の放出決定に至るプロセスに参加していなかったなどの例だ。こうした外部性のコストは、金銭によるもの（現時点では汚染された川をきれいにする費用）もあれば、そうでないもの（川辺の風景を眺める楽しみを奪われた）もある（もちろん、正の外部性も存在する。この例でいえば、工場周辺の経済活動が活発になったおかげで学校に資金が提供され、地域の教育水準と地価が上がるかもしれない）。どちらにしろ、外部性の影響は長期にわたる。資産市場、アセットオーナー、資産運用機関は、投資の外部性の影響を無視するほど、仲介プロセスは最適から離れていく。従来の仲介の概念は、この考え方を踏まえていない。

炭素排出はいずれ、さまざまな資産の価値に影響を与える（住宅価格や農地など）。場所によって、プラスにもマイナスにもはたらくだろう。さらにコストにも影響する（天候関連の保険適用範囲）。その影響は、金銭的・非金銭的に加えて直接的・間接的な影響がある（たとえば気象異常にともなう難民、種の絶滅、本書で言うところの生活条件）。これらは、価格、評価、金融市場に影響を与える、リスクと仲介の密接な関係を表している。

サステナビリティ（持続可能性）の中核的意味（「……将来世代のニーズを満たす能力を損なうことなく、

現代世代のニーズを満たす開発[32]」）を侵害しないために、リスクと仲介の拡張を織り込むことは、すべての資産の管理・運用の投資判断とプロセスの要素であるべきだ。仲介の拡張は、金融プロセスだけでなく、仲介プロセス自体の結果を考慮することである。仲介プロセスはいかにして、資本の最終的な提供者をその資本の利用者から遠ざけるのだろうか（あるいは遠ざけないのだろうか）。たとえば、ＦＴＳＥ１００に連動する（パッシブなインデックス）ファンドに投資する個人は、イギリスの主要企業の部分的なオーナーである。

だが、仲介プロセス――資産運用機関が作ったファンドを買う顧問会社を通して投資する――は、資本とオーナーシップを分けてしまう。これは個別企業のオーナーシップと支配権とを分ける、バーリとミーンズの古典的な公式とよく似ている。実際、企業のオーナーシップと機関投資家によるオーナーシップの分離は、バーリとミーンズが予見しなかった多くの形で交差している。その結果、投資が部分的なオーナーシップであることを理解している投資家はほとんどいない。

ＭＰＴの行為遂行性の結果――インデックスファンドの増大と資産の管理・運用の機関化――によって、ステート・ストリート、ブラックロック、リーガル・アンド・ジェネラルなどの大手資産運用会社が部分的オーナーの重要な代理人となり、議決権を行使し、コーポレートガバナンスに影響を与えている。これは必ずしも悪いことではないが（平均的な小口の投資家よりも、オーナーとしての責任を果たす可能性が高い）、あくまで仲介の拡張の結果である。ＭＰＴが提唱されたときも、それに続くＭＰＴエコシステムによっても、最終的な結果として想定されたものではない。

最後に、仲介の拡張という概念は、仲介機能排除の拡張も示唆している。従来の仲介機能の排除が起きるのは、預金者と投資のあいだに存在する一連の代理人が生産的に使われなくなるときだ。たとえば、個人が配当再投資制度を通じて株式に直接投資すれば、銀行やブローカーは必要なくなる。だが、仲介機能排除の拡張は、投資をしないことが社会にどのような影響を与えるかを考えることでもある。

ある研究によると、アメリカのベンチャーキャピタルファンドによって、1万人の起業家に配分された資本のうち、黒人の起業家に割り当てられたのはわずか1パーセント、女性起業家には9パーセントのみだった。[33] 仲介の拡張同様、仲介機能排除の拡張についても考えるべき社会的側面がある。そうした側面はポジティブな場合もある。投資における一連の代理人の排除が、投資家とその企業のガバナンスに対する権利とのつながりを強めたり、経済取引をより容易にしたりする場合だ。逆にネガティブになる場合もある。人種やジェンダーによる差別が、効率的な資本配分を妨げる場合だ。

その結果、資本へのアクセスが限定されている人と、アクセスがある人とのあいだの所得格差が大きくなる。さらに、社会的緊張と社会的・経済的な障壁を生み出し、全体の経済的幸福や、社会的つながりおよび生活条件に影響する不公平な経済的恩恵を改善するための新しいテクニックを広く取り入れることを阻害する。これは何世紀にもわたる課題である。19世紀初頭のイギリスの中流階級の織工たちが、産業革命にともなう機械の普及によって仕事を奪われたことへの反発から暴動を起こしたラッダイト運動や産業革命初期のディケンジアン〔当時の劣悪な労働環境や生活環境などを意味する〕の労働環境から、今日のデジタル・デバイド〔情報格差〕に至るまで続いている。[34]

万物は巡る。歴史に尋ねてみるといい。「マテリアルになる」「ダブルマテリアリティ」「拡張型リスクの低減」「仲介の拡張」は新しい概念だが、どれも金融と現実世界がどう相互に作用するかという古典的な経済的懸念を反映したものだ。そういった意味でこれらは、投資理論を現実から隔絶された数学に限定するMPTの伝統の不自然さを拒絶している。MPTが「機能する」のは、資本市場がつねに効率的であり、人間が自己利益のみによって動く計算機であり、制度も理論も重要でないと仮定するからだ。スミス、コース、マルクス、ウィリアムソン、そしてフリードマンでさえ、MPTの概念の間違いを暴いたが、MPTはそういった批判をともかくもかわしてきた。もちろん、世界が投資に与える影響や、投資が世界に与える影響を理解するのは簡単なことではない。マテリアルになる、ダブルマテリアリティ、拡張型リスク、仲介の拡張は、分析面ではMPTほど「エレガント」ではない。現実世界は複雑で、まさしく厄介だからだ。だが、これらはわたしたちのものであり、わたしたちはそうした世界に暮らしている。これらの概念は、MPTとは異なり、スミス、コース、マルクス、ウィリアムソン、フリードマンの挑戦から築きあげられたものなのである。

第5章

From Dividends in Nutmeg to Creating $5 Trillion:
Welcome to the Third Stage of Corporate Governance

ナツメグによる配当が5兆ドルになるまで

――コーポレートガバナンスの第3ステージへようこそ

コーポレートガバナンスの3つのステージと、その特徴である投資家のシステマティックリスク低減の試みは、一夜にして実現したわけではない。4世紀をかけて、ようやくここまで来た。

ステージゼロ——ナツメグ、その後350年の停滞

企業とコーポレートガバナンスの歴史は、1602年の初の近代的企業オランダ東インド会社の設立から始まる。[1] 同社を襲ったさまざまな荒波は、何世紀ものちに新聞の見出しとなるような大きな課題を予感させるものだった。現代のコーポレートガバナンスが抱える根深い弊害の多くは、こうした課題の解決のされ方が影響している。

- 役員報酬——同時代のオランダの論者たちは、インサイダーは「キノコのように」急速に、透明性を欠いたまま、富を増やしたと指摘している。[2]
- 株主対ステークホルダーの論争——オランダ東インド会社の目的に対する疑問は、その歴史において大きくなっていった。オランダ東インド会社はオランダの交易を盛んにし、アジア

での影響力を高めることを狙った国家の道具だったのか。それとも投資した株主に報いるべきだったのか。[3]

- 資本構成と株主への適切な利益還元――世界初の株主運動家であるアイザック・ルメールは、オランダ東インド会社が配当を支払わないことに不満を抱いていた。彼の嘆願書にはこう記されている。「どんな事情があろうと、会社の経営陣が、他人の金を長く保持したり、預けた人の希望とは異なる方法でその金を使ったりすることは擁護できない。それはある種の専制だからだ」[4]。それからまもなく、オランダ東インド会社は配当を支払った。ところがそれ以降、金ではなくコショウとナツメグで支払うようになった。[5]
- 権力――結局、ルメールは非常に裕福な商人であったにもかかわらず、オランダ東インド会社の企業の力に太刀打ちできなかった。現代のある研究者は次のように結論づけている。「オランダ東インド会社という株主としての権利を求めるルメールの懸命な訴えは拒絶された。ルメールが訴えた当局は、ルメールが異議を唱えた権力そのものを再確認することに関心を抱いている以上、彼に勝ち目はなかった。今日非常に大きく共鳴する説明である」[6]

350年以上にわたってほとんど変化しなかったことが、ここ30年で大きく変わったことは注目に値する。

おそらくそれが、オランダ東インド会社設立からちょうど350年後に論文を書いたハリー・

マーコウィッツが、その数十年後に現代の財務意識に爆発的に広がったコーポレートガバナンスの課題を無視した理由を説明している。ルメール時代と同じように1952年当時は、投資家が現実世界の価値創造に影響を与えたり、リスクを低減したりできるとの考えは無益に思えたのだろう。マーコウィッツは、彼の知る世界——大航海時代から存在している唯一の世界——を反映していた。現代ポートフォリオ理論（MPT）の伝統が、自己言及的であり、実体経済から隔絶され、ナツメグであろうとドルであろうと価格だけを、実現された価値の測定基準として用い、その価値が実際にどのように創造・破壊・強化されるのかを考慮しないのも不思議ではない。

なぜなら、バーリとミーンズがマーコウィッツの20年前に書いたように、所有（オーナーシップ）と経営の分離によって、経営者は効率的に支配できるようになる一方で、所有者はリスクにさらされ、価値創造を強化したり影響力をふるったりすることがほとんどできなくなるからだ。所有者に許されるのはキャピタルゲイン、すなわち配当と株価だけである。[7] ある意味で株価は、MPTの価値創造の総括的な指標であり、リスクがどのように生み出されるかを総括的に評価するボラティリティに等しい。どちらも、価値やリスクの創出プロセス、または成果の改善方法を可視化するのではなく、結果を評価する。こうした欠陥はMPTの限界を浮き彫りにする。

オランダ東インド会社設立から20世紀後半までの350年間の停滞期は、現代のコーポレートガバナンス発展史の前段階に当たる。これを「ステージゼロ」としよう。コーポレートガバナンスがステージ1、2、3と進化を続けていくうえでの土台となる。投資家、企業、規制当局、経営陣、取締役会の行動原理を説明する経路依存の歴史の出発点である。
もちろん、3世紀半のあいだにいくつかの事実や状況は変わった。帝国が興亡し、地域ごとに異なる会社法が作られた。国王や国家によって各企業向けに特許が与えられなくなった。特許の期限が延長され、最終的には無期限になった。企業（コーポレーション）は営利団体として、ありふれたものになった。だが、経済学の父アダム・スミスを筆頭に著名な論者がこれに懐疑的な目を向けた。スミスの有名な一節がある。「だが、株式会社でうまく経営できる可能性があるという理由だけで……成功を収められる可能性があるという理由だけで……認めるのは、どう考えても適正だとはいえない。……だが、これらの企業の取締役は、自分の資金ではなく、他人の金を管理しているので……熱心さで会社の資金を管理するとは期待できない……このため、株式会社の経営には、怠慢と浪費が多かれ少なかれかならず蔓延する」[8]
変わらないのは、企業の経営陣がいまだに存在することだ。彼らは帝国主義的な権力者ではないものの、少なくとも企業のエコシステムにおいて権力の座にある（もちろん、企業幹部陣を監督する権限をもった組織がひとつある。政府である。歴史的に政府は、政治的都合に応じて、企業を抑制したり解放したりしながら断続的で矛盾した欲望を示してきた。オランダ東インド会社の場合と同じく、政府はしばしば企業の従順さを期待しており、地域によっては、企業のロビー活動や選挙運動への寄付が、政治環境や、政府が対抗勢力となることを望んでいるか躊躇しているかを判断する助けとなる。しかし、政治環境がどうあれ、企業内においては経営幹部、とくにCEOが最高の権力を握っていた）。

20世紀に入ってからも、そして20世紀のほぼ全般を通して、企業の名目上の支配者である取締役でさえも経営陣に従うだけだった。1973年、ハーバード・ビジネススクールのマイルズ・メイス教授はアメリカ企業の取締役会を調査し、その結果、取締役会を「企業ツリーにおけるクリスマスの飾り」と呼んだ。[9] 20世紀後半の影響力ある経営学者ピーター・ドラッカーもそれに同意し、1993年にこう述べている。「すべての取締役会に共通することがひとつある。それは機能不全に陥っているということだ」[10]

だがそうした状態も、ドラッカーのこの言葉以降に変わりはじめたが、まだまだ一般的ではない。あまりにも長きにわたって経営陣が幅をきかせていたために、21世紀を迎えてもなお、CEOのなかには「自分たち」の会社をできるだけ「干渉」されずに経営しようと、権利意識を持ち続ける者がいた。

2002年、本書の共著者のひとり（ルコムニク）は、大手電気通信事業者ワールドコムを再建した債権者委員会の一員を務めた。同社は巨額の不正会計事件が発覚し、アメリカ史上類を見ない倒産劇に見舞われた。委員会は新CEOの任命を課され、ある候補者と面接した。そのとき今後の同社のコーポレートガバナンスのあり方について尋ねた――独立した取締役会会長を置くか？　独立した指名委員会を設置するのか？　取締役会にどのような権限を与えるのか？　巨額な不正会計の果てに倒産したことを踏まえ、裁判所から任命された特別検査官として、SECの元委員長リチャード・C・ブリーデンが同社に派遣され、監督していた。こうした事情にもかかわらず、この候補者の答えは「誰かに監視されながら会社を経営するのは好まない」だった。350年にわたる経営陣の権力とそれが築いてきた文化を踏襲しているうえに、事実にもとづく同社のニーズに沿った考えでもなかった。結局、その候補者は選ばれなかった（その後、別のフォーチュン500社の経営者に就任したが成功しなかった）。

しかし、水面下では権力は移行していた。最も重要なのは、資本市場が急速に機関化されたことである。第1章で述べたように、MPTが、少なくともその原因の一端を担っていた。たとえばアメリカでは、分散投資をあらかじめパッケージ化したミューチュアルファンドが台頭しつつあった。1960年から1965年にかけてミューチュアルファンドの資産残高は倍増し、1965年から1970年にかけてもさらに倍増した。[11] 1974年の従業員退職所得保障法（ERISA）の制定と、その4年後に創設された税制優遇のある確定拠出年金（401k）によって、年金投資の重要性が確認され、投資資産が加速度的に増加した。MPT、ERISA、その他の要素があいまって、1950年（マーコウィッツの論文の2年前）のアメリカ株式市場の保有比率は、機関投資家が8パーセント未満、個人投資家が92パーセントだったのに対し、[12] 1981年には機関投資家が市場の40パーセント近く、[13] 2017年には80パーセント以上を占めるまでになった。[14]

資本主義社会における権力は、誰が資本を支配するかによって決まる。これは当たり前のことだが、述べる価値はある。投資家には手の届かない規模の恒久的な資本を動かせる企業の力が、350年ものあいだ、企業と投資家との力関係を決定してきた。機関投資家が企業と同等かそれ以上の資本を持つようになった今、企業と投資家との力関係も変化しつつある。[15] EU、イギリス、オーストラリア、その他の地域でも、同様の変化が起きている。それぞれの地域にはそれぞれの特質があるが、ほぼ共通していたのは、その方向性、つまり増大を続ける資本の投資を仲介する専門家の台頭だった。

ステージ1――「怠慢と乱費」が変化を引き起こす

ところが、機関投資家は資本を蓄えてはいても、まだそれを使う能力もなかったし、そのつもりもなかった。確かに、投資家の力を利用して価値観に影響を与えようとする試みはこれまでもあったが、直接的かつ広範囲に影響を与えるものではなかった。南アフリカの最も強力な反アパルトヘイト運動は、社会的責任投資（SRI）運動を基盤にしたものであり、一部の人々、とくにいくつかの公的年金基金や、ユニバーサルオーナーシップの課題を理解しはじめた大規模なアセットオーナーを引きつけた。だが、こうした大義はコーポレートガバナンスの活動家に経験を与えるさきがけとして重要だったものの、新たに集められたすべての資本を価値の創出に使うという、より広い取り組みに発展することはなかった。最終的に、コーポレートガバナンスを目覚めさせたのは、スミスが警告したように、一部の企業経営者の「怠慢と乱費」だった。

資産の機関化に企業経営者の怠慢と乱費があいまって、1980年代のアメリカ株式市場におけるコーポレートガバナンスの状況はSF小説やファンタジーの世界から抜けだしたかのようだった。「グリーンメール」や「デッドハンド・ポイズンピル」があり、「レイダーズ」や「ホワイトナイト」がいる。「パックマン・ディフェンス」や「グッバイ・キス」という敵対的買収への防衛策が行われた。こうした言葉から、新参者が古参と闘う状況を想像するかもしれない。だが、実際にそうしたことが起きていた。

現代のコーポレートガバナンスが誕生した近因は、グリーンメールだ。グリーンメールは、現在では違法もしくは禁止とされているが、1980年代の資本市場では現代のランサムウェア（身代金要求型ウイルス）によるサイバー攻撃に匹敵するものだった。レイダー（乗っ取り屋）はターゲット企業の株を買い占め、敵対的買収を仕掛けて、CEOや取締役らの安穏とした長期政権を脅かした。乗っ取り屋は、購入した株式を市場より高値《プレミアム》で買い戻すよう求め、企業はそれに従った。これが何度も何度も繰り返された。

1980年代初頭、グリーンメールはいたるところで見られた。アメリカの石油準メジャーである伝説の帝国オクシデンタル・ペトロリアムのアーマンド・ハマーCEOに立ち向かった取締役のデビッド・マードックは、「グッバイ・キス」で立ち去る見返りに持ち株を1億9400万ドル（市場価格の42パーセントのプレミアム）で買い取るよう要求し、実際にそれが支払われた。[16]ジェームズ・ゴールドスミス卿は、タイヤ製造のグッドイヤー・タイヤ・アンド・ラバーを9300万ドルで買収した。[17]ソール・スタインバーグは、自動車オイル製造のクエーカーステート・オイル・リファイニングから4700万ドルを引き出し（同社の株価が16・13ドルで引けた日に1株当たり24ドルで売却したことになる）[18]、さらにウォルト・ディズニーからも6000万ドルを引き出した。[19] 1984年4月までの1年間で、グリーンメールはアメリカの企業、より正確にはアメリカの企業の株主に約40億ドルの損害を与えた[20]（この数字はインフレ調整されていない）。

乗っ取り屋たちは満足し、金持ちになった。CEOや取締役たちも満足し、その地位にとどまった。しかし、自分たちの資金がそうした支払いに使われた株主たちは憤った。ルメールが明らかにしたように、以前なら大したことではなかっただろう。だがこのとき、株主は抵抗し、ある程度成功した。コーポレートガバナンスのステージ1の始まりである。

スタインバーグがウォルト・ディズニーに乗っ取りを仕掛けたことは、ある機関投資家に衝撃を与えた。1970年代から1980年代にかけて、カリフォルニア州政界の伝説的な存在であったジェシー・ウンルーである。体重300ポンド（136キロ）のウンルーが「ビッグ・ダディ」と呼ばれているのは、単に胴回りの太さを指してのことではない。金と権力を操る手腕がすぐれていたからだ。1980年代半ばには、金も権力も十分に手に入れていた。カリフォルニア州財務官という州選出の役職に就き、国内最大の年金基金のふたつ、カリフォルニア州公務員退職年金基金（カルパース）とカリフォルニア州教職員退職年金基金（CalSTRS）の理事でもあった。

ウンルーはディズニーによる支払いに激怒した。南アフリカの紛争や、新興国の貧しい母親たちに粉ミルクを売りつける製薬会社の紛争とは異なり、価値観から（経済的）価値についての議論はない。レントシーキングを行う企業幹部がグリーンメーラーに価値を渡したことが注目された。スタインバーグへの支払いに市場は反応し、ディズニーの市場価値を5億ドルも下落させ、カリフォルニアのふたつの年金基金に７５０万ドルの損失をもたらした。そこで「何もせずに奪い取られるよりも、何か良い方法があるに違いない」とウンルーは考えた。[21] そして、方法を見つけた。ニューヨーク市[22]やニュージャージー州の財務官とともに、機関投資家評議会（ＣＩＩ）を設立したのだ。当初21の年金基金で構成された、運用資産総額１０００億ドルのこの評議会は、ウンルーの人となりを反映していた。賢く、政治的で、時と場合に応じて好戦的にもなれば慰めにもなった。だが何よりも、金と権力と政治的知識をいかにうまく組み合わせ行使するかを熟知していた（今日でもＣＩＩは、投資家主導のガバナンスの主要な声であり、１３５のアセットオーナーメンバーで構成され、資産は4兆ドルにのぼる。さらに、準会員として、運用資産総額35兆ドル以上にのぼる60超の大手資産運用会社を擁している。[23] ウンルーがその必要性を認識していたのは明らかだ）。

ＣＩＩは当初、グリーンメールなどの悪用に対する防衛策に焦点を当てた。ＣＩＩの会員は経済的利益を守るために、企業の内部関係者にレントシーキング行為を許している構造やプロセスを変えようと動き、株主の権利章典を発令すると、すべての株主に平等な権利を求めた。株主が企業経営に異を唱えるという考えそのものがきわめて画期的だった。株主権利章典に関するワシントン・ポスト紙の記事は次のような書き出しだった。

「企業経営の王たちは用心せよ。かつて忠実で、受け身であった臣民たちは、株主の権利章典を採択し、独立を宣言した。大株主は、誰が企業王国を支配するかという重要な問題の議決権を奪われていることを、これ以上黙って見過ごしはしない。経営トップが自分たちを守るために買収防衛策を採用して、株価を下落させるのを株主が黙って見ている時代は終わりを告げた」[24]

ＣＩＩは、合併・買収合戦や資本構成の変更など、会社法のなかで投資家が力を持つ数少ない点を活用した。ある石油会社の資本再構成をめぐっては、乗っ取り屋のＴ・ブーン・ピケンズとカール・アイカーン、アイヴァン・ボウスキー（インサイダー取引で有罪判決を受けた）らが臆面もなく争った。まるで、昨今はやりのリアリティ・テレビのようだった。筋書きは単純だ。数十億ドルを賭けて、力のある者同士が闘う。テレビカメラが立ち並ぶなかで、立ち見席以外は満員だ。だが、ドラマの裏側では、明らかに新時代が幕を開けていた。ＣＩＩの共同議長のひとりであるハリソン・Ｊ・ゴールディンは、権利章典が発表されたときにこう述べている。「わたしたちは、非常に重要なことをなし遂げた。革命的でさえある……新しい力として投資家の役割を主張している」[25]。ルメールでさえ、ここまでは言えなかった。ＣＩＩが、一般企業と同程度の資金を持っていたからこそだ。

もちろん、投資家、取締役会、経営陣の力関係は一夜にして変わるものではない。グリーンメールやグッバイ・キスはしばらくのあいだ続いた。1986年、産業界の象徴であるGM（ゼネラル・モーターズ）のロジャー・スミスCEOは、因習破壊者的な実業家のH・ロス・ペロー（のちの第3政党の大統領候補）をGMの取締役会から追放し、ペローの持ち株を7億ドルで買い取った。だが、GMのCEOですら、独裁的にそうしたことはできなくなっていた。CIIはスミスに書状を送ると、面会を要求した。スミスは当初それを拒否した。ゴールディンは最後通牒として、こう告げた。「もし、GMの現会長がわたしたちに会わないのであれば、おそらく、次の会長が会うことになるだろう」。スミスは数日で要求に屈した。[26]

改善

防衛策に焦点を当てたコーポレートガバナンスのステージ1は、1987年のCIIの会合で著名な弁護士アイラ・ミルスタインが行った講演をきっかけに変化しはじめた。ミルスタインは、のちにOECD（経済協力開発機構）のコーポレートガバナンスに関する最初の原則を起草した「賢人」のひとりである。講演では、業績不振の企業の取締役会に注目するよう、投資家たちに促した。[27] ミルスタインの主張によると、理想的な株主決議は次のふた文字に尽きるという。つまり「改善」だ。[28] 投資家に企業とのかかわりを求めるこの呼びかけは、現実世界の介入から投資を切り離すMPTへの直接的な攻撃だった。当時はほとんど認識されていなかったが、ミルスタインはコーポレートガバナンス革命を導いただけでなく、投資家がMPTのパラメータ外でリターンを上げてリスクを低減する原初の段階を導いた。こうした行動は、非統計的な意味で、新しいタイプの「効率的フロンティア」を生み出した。成功すれば、統計的な意味で、MPTの効率的フロンティアのパラメータを変更できるものだった。

ミルスタインのメッセージをしっかりと受け取ったひとりがデール・ハンソンだった。ハンソンは、ミルスタインによる講演のわずか数週間前にアメリカ最大の年金基金カルパースのCEOに任命されたばかりだった。「十分理解できるまでには時間がかかったが、最終的にはやろうと決めた」と述べている。[29] カルパースが業績不振の企業に注目するように、直ちにコーポレートガバナンス制度を刷新した。これは実質的に他のすべての投資家の模範となるものだった。ハンソンによると、それは「群れを動かす」[30] 方法だった。異常に気づかせて牛の群れを前進させたり、ライオンが足の遅いシマウマを狙って追ったりするようなものである。

業績が選別基準になると、業績が測定されるようになった。カルパースの業績不振企業リストを調査してみると、リスト内の企業は、カルパースの介入前の5年間はS&P500を75パーセント以上下回っていたが、介入後の5年間で50パーセント以上上回っていた。[31] その後のマッキンゼーの調査では、投資家はよりガバナンスの効いた企業に11パーセント多く出資するだろうと述べている。[32] 同時期に行われたふたつの調査は、コーポレートガバナンスが防御と攻撃の両面で機能することを機関投資家、投資顧問会社、金融報道機関に納得させる一助となった（ウィルシャーの研究の質については多くの論争があったが、それに続く研究は論争に耐えうるもののようである。2013年、ウィルシャーはカルパースの研究を再調査し、5年間の累積超過リターンがラッセル1000指数を平均して13・7パーセント上回り、業種別に補正すると12・1パーセント上回っていることを明らかにした)[33]。

カルパースの対象リストの調査も、マッキンゼーの調査も、投資家には資本市場だけでなく現実世界でも果たすべき役割があるというミルスタインの主張を裏づける。もし、11パーセントの割引が現実世界の介入によって成立するなら、なぜ投資をトレーディングに限定するのか？　割引での取引を成立させ、プレミアムの一部を獲得すればいいのではないか？　投資家は、取引所の価格を受容するのではなく、取締役会のダイナミクスを通じて株価に影響を与えはじめた。MPTが投資と考えるもの――証券選択およびポートフォリオ構築――と、カルパースらが投資と考えるもの――現実世界での介入を追加したもの――とのあいだにあった壁が崩れつつあった。実践は、既存のMPTを超えて、新しい投資パラダイムへの道を開いた。

同様の動きは大西洋を越えた先でも起きていた。実際に大西洋で起きた例もあった。エイドリアン・キャドバリー卿は、20世紀後半から21世紀初頭にかけて、イギリスで最も尊敬された実業家のひとりである。創始者の名を冠した菓子・飲料メーカー、キャドバリーの会長であっただけでなく、世界中のコーポレートガバナンスに大きな影響を与えた。1991年、「コーポレートガバナンスの財務的側面」を検証するオールスターの委員会の議長を務めることに同意したとき、イギリスの繊維会社ポリー・ペックはすでに破綻しており、検討事例のひとつとなった。だが、ポリー・ペックの経営破綻は次に起こることに比べれば些細なことにすぎなかった。

1991年11月5日、イギリスのメディア界を牛耳る大物であり、陰の実力者であったロバート・マクスウェルが、ヨットでカナリア諸島沖に出たまま行方不明になった。[34] その後、明らかになったのは、マクスウェルは企業年金基金から横領した数十億ポンドでさまざまな不採算事業を補填していたことだった。[35] その後まもなく、彼の帝国は完全に崩壊した。

「18カ月前に発足したときは、委員会の名も活動も新聞の見出しになるとは思ってもいなかった……財務報告と説明責任の基準に関する懸念が、BCCI（国際商業信用銀行）[36]、マクスウェル、取締役の報酬をめぐる論争によって高まったことで、コーポレートガバナンスが世間の耳目を集めている」とエイドリアン卿は1992年の報告書の序文で記している。[37]「このような注目は予想外だったかもしれないが、変革の必要性を世論が受け入れたことを映し出しており、わたしたちが最大限に活用すべき水準を高める機会でもある」[38]

エイドリアン卿はまさにそれを活用した。キャドバリー・コードとして知られるようになったこの報告書は、イギリス企業向けに「ベストプラクティスの規範」を概説したものだ。コーポレートガバナンスの規範としてははじめて広く採用され、イギリスのみならず世界中に大きな影響を与えた。キャドバリーは、1998年にミルスタインとともに、ビジネスセクター・アドバイザリー・グループからOECDへの報告書「コーポレートガバナンス——グローバル市場における競争力と資本へのアクセスを改善する」の6人の執筆者のうちのふたりとして協働し、この報告書をもとにOECDは、1999年に独自の規範を発表した。[39]

まもなく、コーポレートガバナンスの規範がグローバルに採用されるようになった。現在、OECD加盟国のなかで、この規範を設けていないのはアメリカ、中国、インドの3カ国だけである。[40]規範は、投資家ではなく企業向けだが、「遵守するか説明する」ものとして設計されており、[41]その説明は資本市場向けだった。投資家の新しい役割とは、企業に説明責任を負わせることだった。

イギリスの資産運用会社ハーミーズはみずからの責任を真剣に受け止めた。2002年に発表された「ハーミーズ・コード」は、投資家による、投資家のための、広く認知された最初の規範である。報告書の表紙にも、「株主が上場企業に期待すること、そして企業が投資家に期待すべきこと」[42]とはっきりと示されている。革新的だったのは、投資家に明確に責任を負わせることだけではない。ハーミーズ・コードは、時間枠に関する議論をとりあげ、企業は短期的な市場の圧力に屈することなく長期的な価値創造に注力すべきだ、と主張した。また、株主以外のステークホルダーへの企業の義務(原則9)についても具体的に論じ、企業は「社会に不利益をもたらすコストの外部化を最小限に抑える」(原則10)べきだと述べている。[43]

コーポレートガバナンスのステージ1は、主に個別企業のガバナンスにとどまった。今日よく知られているESG——環境(environment)、社会(society)、ガバナンス(governance)の頭文字をとった略字——はまだ誕生していなかった。ハーミーズ・コードからもわかるが、ESGのうちのEとSが無視されていたわけではない。実際のところ、コーポレートガバナンスのステージ1のリーダーたちの多くは、以前から悪戦苦闘しながらEとSを組み込む努力してきた。たとえばニューヨーク市のゴールディンは、1970年代半ばからコーポレートガバナンスにまつわる取り組みに奔走していた。当時、製薬会社は開発途上国の貧しい女性たちに粉ミルクを売るために、母乳を与えないように画策していた。ゴールディンは、製薬会社にその行為をやめ、倫理的に行動するよう促した。その後、南アフリカから企業を撤退させるか、少なくとも南アフリカ政府が人種差別政策を強化する手段を提供しないようにする包括的な反アパルトヘイト運動に参加した。[44]

実際、コーポレートガバナンスのステージ1における中核戦術（年次株主総会で株主提案を使用）は、「S」の問題、つまり南アフリカのアパルトヘイト闘争に端を発している。当時、大学向けの金融サービスを専門とする大手資産運用会社TIAA-CREFの法務顧問を務めたピーター・クラップマンは、アパルトヘイト闘争に精通していた。そこで、コーポレートガバナンスの課題として、株主決議を利用することをはじめて提案し、それが南アフリカの反アパルトヘイト運動に不可欠な要素となった。[45]

「E」は、環境保全に関して企業が守るべき倫理原則であるセリーズ原則が、ゴールディンのオフィスと共同で、最初の社会的責任投資家のひとつであるフランクリン・リサーチ・アンド・ディベロップメント（現トリリアム・アセット・マネジメント）の社長ジョーン・ババリアによって開発された。[46] 1989年、アラスカ州のプリンス・ウィリアム湾で石油タンカー、エクソン・バルディーズ号が座礁し、大自然を破壊したとき、油にまみれた瀕死の海鳥や水生哺乳類の姿がテレビを通じて世界中に流れた。[47] バルディーズ号原油流出事故により、エクソン社は時価総額で約150億ドルを失った。[48] 環境保護主義者も投資家も、「環境問題は繰延された偶発債務であり、ブライ・リーフがバルディーズ号の船体を引き裂いたように、突如、爆発してバランスシートに穴を開けかねない」と確信した。[49]

セリーズ原則は当初、バルディーズ原則と呼ばれていたが、初期の参加企業の1社がそれに異議を唱えた。NGO（非政府組織）のセリーズ（環境に責任を持つ経済のための連合）がアイスクリーム小売のベン&ジェリーズに参加を求めたところ、同社が名称の変更を提案した。この声明を「バルディーズ原則」と呼ぶのは、「オーデュボンに死んだ油まみれの鳥クラブと名づける」ようなものだと考えたからだ。[50] 現在、セリーズは、サステナビリティに関する主要なNGOとして、世界中の大手投資家や企業と協働している。また、それ以外の組織の支援も行い、サステナビリティ報告に関する国際的なガイドラインの策定をめざすグローバル・レポーティング・イニシアチブ（GRI）は同組織から発展したものだ。[51]

ステージ2——価値を再定義する

株主の力が強まった最初の数十年間は、ガバナンスが注目され、E&Sはたいがい脇役にすぎず、ときおり舞台中央に出てスポットライトを浴びる程度だった。ところが2005年、当時の国連事務総長コフィー・アナンが20の大手機関投資家を招き、のちに「責任投資原則（PRI）」となるものを提唱した。[52]

これがコーポレートガバナンスのステージ2であり、EとSはGと対等な共演者となる。現代のコーポレートガバナンスの目的は、依然として企業の業績と資本市場における証券のパフォーマンスを維持することである。だが、ステージ2では、パフォーマンスの定義を、よりマクロ経済的な視点へと広げた。そうすることで、ユニバーサルオーナー理論と一致し、外部性が大口投資家のポートフォリオに再組み込みされるというその理論の見解とも一致する。また、実体経済から資本市場へ、あるいはその逆のフィードバックループを通じて、市場のボラティリティに影響を及ぼしかねないシステマティックリスクに対処したいという投資家の欲求とも一致する。さらに、持続可能な収益性は、企業が社会的な問題を利用するのではなく解決することでもたらされるという今日の認識の高まりも予期したものだった。

コーポレートガバナンスは株主決議や株主投票だけにとどまらないものの、こうしたデータから明らかになることがある。2019年、アメリカでは457件の環境的かつ社会的な決議が年次株主総会で提出され、その投票が行われた。2010年代はじめの400件からの増加であり、気候変動に関する報告から人的資本管理の課題まで多岐にわたった。決議の平均支持率は、2010年の約18パーセントから2019年の約26パーセントと、10年間で40パーセント増加した。[53]これは、現実世界の健全な社会経済が健全な資本市場の前提条件だという認識の高まりを反映している。

コーポレートガバナンスのステージ2では、財務実績と「伝統的な」（すなわち1980年代半ばからの伝統）コーポレートガバナンスの関心事という狭義の定義から、環境と社会の懸念を含むように焦点が拡大された。だが、その焦点を個別企業に限っているのは従来通りである。システマティックリスクやシステミックリスクに対処するには、「群れを動かす」というデール・ハンソン時代の戦術をある程度までは使うことになるからだ。だが、投資家はいまだに遅い牛に狙いを定めており、群れにビタミンを与えることはしなかった。

とはいえ、世界最大の金融機関の一部には、個々の投資よりも、経済と社会が重要だという認識が浸透しはじめた。2010年、ノルウェー政府系ファンドを担当する財務省の資金運用部門責任者マーティン・スカンケは次のように記している。「当ファンドは、大変長い投資期間を設定している。ファンドの分散投資の性質は、ユニバーサルオーナーシップと呼ばれている。ポートフォリオの利益は（マイナスであれプラスであれ）大半の経済活動の影響を受けるので、ポートフォリオ内の企業の搾取行為を支持する根拠はない。これが当ファンドと平均的な投資家との本質的な違いだ[54]」

その違い、つまり「ポートフォリオ内の企業」の健全性よりも経済の健全性のほうが重要だと理解することが、コーポレートガバナンスのステージ3の基礎となる。

ステージ3——システマティックリスクに焦点を当てる

コーポレートガバナンスのステージ3は、ステージ1と2を基礎とし、それらを取り入れたものだが、個別企業や個別銘柄ではなく、システマティックリスクを対象にしている点が異なる。その意味で、システマティックリスクを低減するためのステージ3の活動は、MPTが特異リスクを低減するために分散を行っている上に重ねられるかもしれない。もちろん、市場のリスク・リターン特性を変えるには、システマティックリスクとリターンの原因を理解したうえで何らかの影響を与える必要がある。これにより、第4章で述べた通り、マテリアリティの定義が、金融・社会・環境システムに影響を与える課題へと拡大される。実際、アダム・スミス、カール・マルクス、ロナルド・コース、オリバー・ウィリアムソン、ミルトン・フリードマン、そして現実世界と経済的意思決定（市場の力学を決定するものも含まれる）とのあいだのフィードバックループに対する彼らの直接的・間接的な認識へと立ち戻ることになる。

ステージ3の考え方は、世界最大のアセットオーナーに最も純粋な例を見ることができる。2017年11月、1兆4000億ドルの運用資産を有する日本の年金積立金管理運用独立行政法人（GPIF）の理事兼CIOである水野弘道は、同基金は規模の大きさゆえに、そのリターンはベンチマークに勝つというよりも、現実の経済に応じたものだと述べている。彼はMPTのパラドックスの限界を理解したうえで、αを求めることは同基金にはそれほど重要ではない（丸め誤差以下）と述べ、社会と経済に影響を与える取り組みの一環として、環境や社会の懸念に特化した専門の投資マネジャーを採用すると発表した。ＥＳＧのＧが無視されたわけではなく、ＧＰＩＦにはすでにコーポレートガバナンス制度があり、内部で実施されていた。[55]

このようなβアクティビズムは、アセットオーナーに限ったことではない。イギリスでは、リーガル・アンド・ジェネラルの資産運用部門リーガル・アンド・ジェネラル・インベストメント・マネジメント（ＬＧＩＭ）がスチュワードシップ活動でよく知られている。２０２０年２月時点での運用資産額は約１・５兆ドルで、世界第４位のインデックスマネジャーである。ＬＧＩＭは、「わたしたちは持続可能な長期的価値を創造するという信念のもとに、前向きな社会的インパクトを達成できるよう努めています」と述べているが、これは古典的なステージ２のマクロパフォーマンス理論である。だが、ＬＧＩＭは「政府、規制当局、政策立案者への影響力行使」や「他の投資家やステークホルダーとの連携」など、さまざまな方法で企業のみならず市場の行動（ここを強調）に影響を与えようとしているとも述べている。これはステージ３の行動につながる。ＬＧＩＭのウェブサイトには次のように記されている。[56]

ＬＧＩＭはスチュワードシップ責任を真剣に受け止め、お客様の資産を確実に保護し時とともに増やすために多大な資源を投入しています。

わたしたちはグローバルな投資運用会社としての規模を活かし、企業や市場の行動に影響

を与え、変化させるためにスチュワードシップに対して積極的かつ影響力のあるアプローチを用いています。そうすることで、わたしたちは持続可能な長期的価値を創造するという信念のもとに、前向きな社会的インパクトを達成できるよう努めています。

わたしたちは以下を通じてそれを行います。

企業とのエンゲージメント
議決権行使のグローバルな活用
環境・社会・ガバナンスというファクターのポートフォリオ構築への統合
システミックリスクと機会への対応
政府、規制当局、政策立案者への影響力行使
他の投資家およびステークホルダーとの連携

ＬＧＩＭの投資の定義には注目すべき点がある。企業だけでなく規制当局、政策立案者、ＮＧＯ、その他の投資家に影響を与えること。投資におけるシステマティックリスクの低減方法についてクライアントを教育すること。たとえば、取締役会長とＣＥＯが兼任の場合は、役割分担を促すために、取締役会の全てのメンバーに反対票を投じることを発表するなど、民間セクターの

基準を設定することなどである。[57]

これがガバナンスのステージ3の典型例である。このステージに到達した投資家は電子端末上で証券取引をして相対リターンを得ようとするだけでなく、インベストメント・インテグレーション・プロジェクト（TIIP）が「意図的に使われる10のガバナンスツール（180ページ参照）」と呼ぶものを活用して、資本市場が依存するシステムに影響与えることで、資本市場と総市場リターンに影響を与える。TIIPは、システムレベルの思考を考慮する投資家の主な違いは意図をもって行動することだと指摘し、そのような10の活動を特定した。これから見ていくが、投資家はその10の活動をすべて使っている。ステージ3のガバナンス活動すべてにおいて意図が存在する。

GPIFとLGIMがそれぞれ1兆ドル超の運用資産を有しているのは偶然ではない。マーティン・スカンケがノルウェー政府系ファンドについて言及したように、政府系ファンドは市場リスクから逃れられないために、ユニバーサルオーナーの考え方をいくぶん取り入れている。ユニバーサルオーナーは、自分たちがそうであることを自認しているかどうかにかかわらず、市場リスクと市場リターンに長期間さらされることを直感的に（そしてますます明確に）理解しており、その大きさゆえに市場のシステマティックリスク以外のファクターからリターンの多くを得られないこともわかっている。現実世界のシステミックリスクに影響を与えようとすることで、市場が程度の差こそあれ、リスク回避的になることに気づいている者もいる。規模が大きいために、現実世界の状況にうまく影響を与えられる可能性が高いという利点もある（後述するが、複数の意図的なガバナンスツールを創造的に活用すれば小規模な運用会社にも可能である）。たとえば、ＬＧＩＭは２０２０年に、企業の会長とＣＥＯの兼任への反対運動を発表し物議を醸した。[58]だが、会長とＣＥＯの役割を分けるべきという議論は、コーポレートガバナンスの専門家のあいだでは10年以上前から行われてきたものである。[59]ＬＧＩＭの姿勢が注目されたのは、まさしく規模の大きさと、会長とＣＥＯの兼任を続ける企業の取締役たちに反対票を投じると発表したからだ。

「わたしたちはいまや皆ユニバーサルオーナーである」

今日、小規模な機関投資家や個人投資家でさえ、みずからをユニバーサルオーナーととらえ、資本市場が依存するシステムに関心を示している。その理由のひとつはインデックス運用の成長だ。市場のリターンが自分の資金のリターンになることを受け入れれば、（選択した証券ではなく）市場全体の健全性を気にせずにはいられない。また、健全な資本市場は健全な経済社会から生まれると直感的に信じる人もいるだろう。社会的な責任を果たしたいという欲求と、拡張型リスクと拡張型仲介（第４章参照）によって動機づけられる人もいるだろう。ケンブリッジ大学の実存リスク研究センターのエレン・クイグリーは、今日の投資家は、システマティックリスク（そして、彼女の研究所が注目するシステミックリスク）について考えざるを得ないと端的に述べ、「わたしたちはいまや皆ユニバーサルオーナーである」と結論づけている。[60]

クイグリーは大規模なユニバーサルオーナーはとくに、さまざまな投資戦略に加えてガバナンスや政策に関与することで、「重要な装置」になっていると論じる。基本的規範の変化に影響を与えられる初期の先駆者になることで、彼らは「規範の起業家」になる。[61] 気候変動を例にとり、彼女はこう説明する。「社会規範の進化は、しばしば法律の変更を反映し、また反映される。受託者責任の概念、とくに責任投資に関しては、過去数十年で大きく変化している。機関投資家の投資判断に気候リスクを組み入れることは、当初は禁止されていたものの、その後、許可され、近いうちに義務化される可能性もある。一部の地域では、ダイベストメントや除外（エクスクルージョン）は、財務実績に悪影響を与えない場合にのみ許されると考えられてきた。実際、多くのファンドが、化石燃料からの投資資金の引き揚げを行わない理由として、受託者責任を挙げてきた。しかし、ダイベストメントや除外は現在広く認められており、気候リスクを投資判断に織り込むことが必須になる可能性も示唆されている。気候変動に対する社会の関心の高まりを追う形で社会規範が進化している」[62]

ユニバーサルオーナーの影響によって、個人投資家を含む小規模投資家が、気候変動を投資のリスクとみなすようになるという考え方は、ＭＰＴの伝統に対する直接的な挑戦である。もちろん、ボラティリティではなくリスクの原因に注目することは、投資ポートフォリオとより広い社会経済的な点と点を直接結びつけることでＭＰＴに挑戦している。

言い方を少し変えれば、投資家は、システミックな気候リスクがポートフォリオにシステマ

	**政治性**は、より強力で回復力のある金融・環境・社会システムを構築することを目標に、公共政策の議論に投資家が意図的に関与することである。この手法は、政府によって設定された規則と規制を用いて環境・社会・金融システムを効果的に強化し、すべての投資家に好影響をもたらし、これらのシステムに好影響を与える投資家の能力を促進するための市場メカニズムを考案することをめざす。
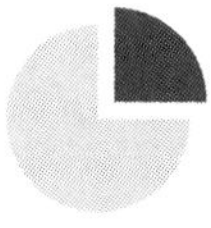	**自己組織化**は、投資コミュニティが、システム関連の検討事項に対処し、金融システム全体のレジリエンスを強化する能力をはぐくむため、継続的な組織構造を築くという投資家による意図的な決断である。この手法は、個人的にも集団的にもメンバーの開発面で業界を支援し、メンバーが活動するシステムに効果的に影響を与えることをめざす。
	**解決策**は、環境・社会・金融システムの安定性と強化を支援することで、社会的かつ環境的課題を解決できる投資を追求するという意図的な決断である。この手法は、喫緊のシステムレベルの課題から利益を得るだけでなく、積極的に課題を解決するための投資機会を特定することをめざす。また、システムの性質を根本から変え、より前向きなダイナミクスとより広範な投資機会を備えたものにする。
	**基準設定**は、広く受け入れられている基準や規範に反する慣行を備えた企業、産業、国家への投資をやめさせる基準を設定する、あるいはそのような基準の開発に貢献するという投資家による意図的な決断である。この手法のねらいは、メンバーが社会・環境・金融システムレベルの規範を損なう行為をすることで生じる、金融コミュニティでの信頼の危機を回避すること。と同時に、より高い基準の実施を通じて金融機関に正当性を与えることをめざす。それにより、こうした基準はシステム全体を強化し、富の形成の源として長期的存続を保証する助けとなり得る。
	**公益性**は、ポートフォリオの資産クラス内の特定の投資と、これらの資産クラスが果たすべき社会的機能をできるかぎり連携するという意図的な決断である。この手法は、各資産クラスの特徴と市場が異なると仮定している。というのも、それぞれが異なる社会的機能を果たすからだ。たとえば、投資家は上場株式を使って、大企業が生み出す私有財産の共有に多様な方法で積極的に参加するし、債券は通常、さまざまな政府のイニシアチブに資産を配分する低リスクの機会を提供することによって民間市場では容易に提供されない公共財を生み出すし、ベンチャーキャピタルは破壊的な製品やサービスへのリスクの高い投資を可能にするなどである。公益性は、金融システム全体のなかで資産クラスの効果的な機能を強化することめざす。このシステムは、さまざまな社会的・環境的ニーズに応えるために多種多様な構造の金融商品に依存する。

図 5-1　意図的に使われる 10 のガバナンスツール

これらのツールは、投資家が日々のポートフォリオ管理の意思決定とシステムレベルの投資とのギャップを埋めるためのものである。投資家はこうしたツールを意図的に使う。ポートフォリオレベルで制限しても効用はあまりないからだ。これら 10 のツールを通して、投資家はシステムレベルのリスクと報酬に関心があることを示し、さまざまな方法で影響力を強化する。

	**追加性**は、十分なサービスを受けていない人々に資金へのアクセスを提供し、満たされていない環境的・社会的ニーズに対処するための投資を追求するという意図的な決断である。投資家はこの手法を通して社会格差や社会的・経済的な市場の失敗に取り組みながら、投資市場の機会を増やすことで、経済・社会・金融システム全体のレジリエンスと安定性を強化することをめざす。
	**アプローチの多様性**は、多様な投資ツールを用いて複雑なシステムレベルの経済的・社会的な懸念に取り組むという意図的な決断である。アセットオーナーにとっては、単一のシステムレベルの懸念事項に対処するために、さまざまなアプローチを用いることを意味する。資産運用機関にとっては、投資目的に関連するシステムに関心をもつクライアント向けに複数の投資オプションを作成し、複数の取り組みを通じて複雑なシステムに対する投資家の影響力を高めることを意味する。
	**評価**は、長期的な富の形成、社会的・環境的な価値、投資機会を生み出す可能性がありながらも、価格設定が難しい環境・社会・金融システムを評価するという意図的な決断である。投資家はこの手法を用いることで、定量化できる価格にとらわれずにこれらのシステムの潜在性を評価し、こうした機会の肥沃な分野を生み出すにあたって必要な安定性と予測可能性を得る。
	**相互接続性**は、環境・社会・金融システムに関する情報とコミュニケーションの流れを、投資家間、クライアント、一般大衆とのあいだで増加させるための投資家による意図的な取り組みである。相互接続性を通じて投資家は、システム上の情報量の増加だけでなく情報フローの有効性も追い求める。その過程で、共同出資による富の形成を管理するための知識ベースの共有と、「コモンズの悲劇」を防ぐことの重要性を認識する。
	**地域性**は、都市、州、地域、国などの特定の地理的領域で、環境的または社会的システムを強化する投資を行うという意図的な決断である。このような投資は、地域内の経済を成長させるとともに、相互に関連する企業の支援を通じてレジリエンスと持続可能性を高める。この手法は、競争力のある短期的なリターンを求めるものだが、長期的には未来の投資機会の基盤を築くものである。

ティックリスクとして現れることを、また、そうした証券を保有し続けることがβのボラティリティの上昇に寄与する可能性があることを考慮するという意味である。そこで、投資家は選択を迫られる。化石燃料投資へ資金を投入し続けることは、それぞれの時点においては、平均分散の視点から「より良い」リスク・リターン特性をもたらす可能性がある一方で、ポートフォリオの他のセクターを脅かし、評価を下げる可能性もある。よって、リスクとリターンの観点から、化石燃料関連への投資を継続するという選択がもたらす影響を理解するには、従来のMPT型の分散を含めつつ、ポートフォリオ自身が現在のシステマティックリスクに与える影響を考慮してリスクとリターンを最大化することを再概念化する必要がある。

実際わたしたちが着目しているのは、すべての投資が、MPTでは説明しきれない、仲介と資本配分への影響力を持っていることだ。化石燃料の例は、その影響が広く推測されるため、わかりやすい。また、さまざまな形態の投資が、多かれ少なかれ仲介の影響力を持つ可能性がある。たとえば、流通市場での株式の売却をとくに注目されずに行った場合、同じ企業の新発債を購入しないことを公表した場合ほどの大きな影響はないかもしれない。第一に、企業の資本基盤に何の影響も与えず（せいぜい間接的な影響程度）、投資家の懸念が市場のシグナルとなって同じ行動を促すこともほとんどない。第二に、企業の資本コストに直接的な影響があり、投資家の懸念を浮き彫りにする新しい情報が市場に提供される。

これはさまざまなシステマティックリスクに対して、βアクティビズムの活動を行うあらゆるタイプの投資家が爆発的に増加していることを説明しているのかもしれない。それでも、効率的市場などのMPTの基本的な教えを信じると言いつつもシステマティックリスクを減らそうとする、投資家の矛盾した行動は注目に値する。彼らは、まるで疑似ストックホルム症候群に苦しんでいるかのようだ。システマティックリスクに対する無力感と、市場の総リターンへの影響力のなさというMPTの主張からの解放を（無意識ではないにしても）ひそかに願いながらも、知的捕獲者――この場合はMPT――の言葉を真似している。

投資顧問会社アリアンツ・グローバル・インベスターズ（アリアンツGI）の例を見てみよう。わたしたちは、本書に含まれるアイデアの一部、とくに「より良いβ」の考え方を年金保険団体（PIC）が発行した2018年の白書で提示した。[63] PICは、プロジェクトの一環として資産運用業界、政策立案者、研究者などからの反応を求めた。大半は支持を示したが、アリアンツGIのCEOは、MPTを根拠に声高に反対を表明した。「〝βリターン〟を改善できるという考え方は最大の幻想だ。資本を特定のセクターと活動に向ければ……βリターンは下がるだろう……効率的な資本市場の観点からは、資本が〝無駄〟になってしまうからだ」と書いている。[64] しかし、その2カ月後、アリアンツGIの親会社は次のことを表明した。①石炭火力発電所と炭鉱株の引受の中止、②自己勘定投資における石炭関連株の売却（ただし20年間）、③脱炭素経済をめざす、科学にもとづいたターゲット・イニシアチブの協働への参加。[65]

明らかに、実践は理論を先導し、ときに否定している。

βアクティビズムとMPTの伝統を結びつける

コーポレートガバナンスのステージ3の活動は、MPTの証券選択およびポートフォリオ構築活動とおおむね交差している。よって、βアクティビズムは、そうした従来の投資活動の上に重ねることが可能だ。

だが、その統計的独立性には使用時にひとつの例外がある。除外（売却）は、MPTベースのポートフォリオ構築に影響を与えるため、コーポレートガバナンスのステージ3の手引書のなかでおそらく最も議論を呼ぶツールである。MPTでは、最小の平均分散ポートフォリオを構築する投資機会集合が減れば、より良い分散ができなくなり、ばらつきが大きくなるからだ。

しかし、現実はもっと複雑である。投資機会集合が減ればポートフォリオの効率性が低下するという考え方の裏には、少なくとも3つの基本的な仮定がある。ひとつめは、投資機会集合の減少が、実際に現実の分散の能力に影響を与えるということ。ふたつめは、考慮から除外された証券は、ポートフォリオ構築の効率性に正の影響を与える特性があり、それらを除外すると効率性が低下するということ。3つめは、熟練のポートフォリオマネジャーはポートフォリオのリスクとリターンを最大化する証券の組み合わせを選択するのに長けているため、投資機会集合が多いほどいいことだ。

では、この3つの仮定を検証してみよう。MPTの父であるマーコウィッツ自身は、分散の利点に関する限り、除外による投資機会集合の減少はほとんど見当たらないと述べている。マーコウィッツは、分散投資の効果は、ポートフォリオ内の相関のない証券の数が増えるにつれて小さくなると指摘する。「倫理的なスクリーニングによって、保有可能な銘柄を約８０００から約４０００に減らせば、大手企業の株で構成されたポートフォリオと同水準のボラティティと同程度のリターンを持つ、ある程度の流動性のある十分に分散されたポートフォリオの選択が不可能になるというのは奇妙だと言うのが安全だろう……倫理的にスクリーニングした４０００超のユニバースから選んだ効率的ポートフォリオは、全８０００超のユニバースから選んだ効率的ポートフォリオと比べて、効率性はほとんど失われない」[66]

しかし留意してほしいのだが、除外のためのスクリーニングの多くは、非無作為に選んだ証券の集合（化石燃料会社など）に絞っている。言い換えれば、あるセクター、または実質的にシステマティックリスクファクターを排除する傾向があるのだ。そのため、限界的な分散投資は小さい価値であるという主張は、妥当ではあるが、あまり有力ではない。だが、投資機会集合が大きいほど、リスク・リターン特性が改善するという仮定の妥当性は高まる。高リスクで低パフォーマンスのセクターを除外すると、平均的なポートフォリオの効率が向上するからだ。除外が無作為であることなどめったにない。除外には理由があり、その理由はたいがいシステマティックリスクである。たとえば、インデックス提供業者は流動性の低い証券を除外することがある。取引高の少ない株式をリバランスするコストが、結果として得られるポートフォリオの効率性の向上を上回るためだ。[67]この手の除外は明らかにリターンを大きくするためのものだ。

「E（環境）」の例で言えば、投資家は温室効果ガス排出量の多い企業をポートフォリオから除外することを選択するかもしれない。もし、炭素排出企業のシステミックリスクファクターが時とともに収益低下につながるのであれば、そのような企業の証券を除外することによって、残りの証券のリスク・リターン特性は歪められ、よりポジティブで、効率的になるだろう（ただし、システミックリスクファクターが正のバイアスになる場合、残りの証券は負の方向に歪められる）。つまり、除外銘柄をシステマティックリスクファクターで選べば、価格変動が大きく相関する銘柄をそっくり除外することになる。これは、大局的に見れば、ESGの情報にもとづいたファクター投資であり、当然ながら、ファクターの選択と除外は投資可能なユニバースを縮小させる。たとえば、バリュー株投資家が、高成長企業であっても、PER、PBR、PSRが高い株に投資しないことは議論の余地がない。

同様に、炭素排出量を懸念する投資家が、排出量の多い企業に投資したがらないのも当然だ。簡単な例を挙げると、バリュー株投資家はグロース株をポートフォリオから除外する。それらの銘柄がリスクが高いか、パフォーマンスが悪いなら、残りの投資機会集合はより良いものになる。つまり、ポートフォリオマネジャーは、より限定的だがプラスに偏った投資機会集合を持つことで利益を得る可能性が高いということになる。[68]第4章でマテリアリティに注目したように、特定の企業やセクターを除外する（あるいはポジティブまたはネガティブな方向に傾ける）ことは、ステークホルダーや規制当局の影響力や権力にまつわる政治判断を必要とする。これらの影響を無視することは、わざと目をつむり危険に飛び込むようなものだ。

最後に、ポートフォリオマネジャーにはスキルの高い者も、そうでない者もおり、すべての決断が完璧であるとは限らない。スキルの高い者であってもそうだ。そのため、除外された銘柄が、ポートフォリオの最適化のために使われるとしても、または除外が無作為に行われるとしても、ポートフォリオマネジャーがより大きな投資機会集合をうまく活用できるという保証はない。

要するに、除外は具体的な事実に影響力を持つ。必ずしも、ポートフォリオのリスク・リターンの特性を改善するものでも損なうものでもない。[69] 不幸なことに、結果として得られるポートフォリオのリスク・リターンの特性がそのまま損なわれるという神話が一部の人々のあいだで、衰退しながらも、根強く残っている。2020年、アメリカ労働省は、退職貯蓄制度において、ESGファクターを考慮することを事実上差別する規則を提案した。しかし、その神話を信じる人はますます少なくなり、実際の市場参加者ではもっと少ない。投資業界などから提出された公式コメントの94パーセントは反対し、その多くが誤った仮定にもとづいていると指摘した（賛成はわずか2パーセントで、どちらでもないが4パーセントだった）。50年前であれば、こうした結果にならなかったに違いない。

ＴＩＩＰの創設者であり、30年以上責任投資を行ってきたスティーヴ・リンデンバーグは、除外は一種の基準設定ツールであり、「（経済的）価値」と「価値観」のどちらを理由にしても行われる、と述べている。[70]たとえば、「価値観」重視の投資家は、地球温暖化に対する懸念から、カーボンフットプリントの小さいポートフォリオを選択する。対照的に「（経済的）価値」重視の投資家は、地球温暖化には関心がなくても、炭素排出の規制リスクやコストを懸念したり、炭素排出量の大きい事業計画を企業経営陣の失敗の証しとみなしたりするかもしれない。しかし、「（経済的）価値」重視の投資家と「価値観」重視の投資家との相互作用についてはほとんど考慮されていない。これはおそらく、取引市場で瞬時に起こるのではなく、現実世界で時間をかけて起こることだからだろう（第4章参照）。

同じ例を使って説明しよう。「価値観」重視の投資家のなかには、炭素高排出の企業の株式を長年敬遠してきた人もいる。おそらく、こうした投資家は、高排出企業の資本コストに影響を及ぼすか、アリアンツのように、銀行なら新しい石炭プロジェクトに融資しないように、保険会社なら契約しないように、説得しているかもしれない。さらに、こうした投資家は有権者であるとともに社会の一員でもある。彼らは（そして他の人々も）、政府が多くの地域で、脱炭素社会への移行を促す規制制度の制定を掲げる政党に投票する。炭素高排出企業をボイコットする（代替エネルギーの供給業者へ切り替えるなどの）消費者もなかにはいるかもしれない。その結果、「（経済的）価値」重視の投資家も、地球温暖化に対する信条に関係なく、事業の見通しを理由に、炭素高排出企業をポートフォリオに組み入れることに慎重になるかもしれない。第4章で述べたように、十分な数のステークホルダー（および株主や運用者）が一定の価値観を支持する場合には、（経済的）価値に影響を与えられる。

除外（およびポジティブインクルージョン）は、投資時点においてMPTと唯一交わらないステージ3のツールだが、時間がたつにつれ、先述のようなフィードバックメカニズムがはたらくために統計的独立性が弱くなる。これは理にかなっている。ステージ3の前提は、MPTの指標であるリターン、ボラティリティ、相関を決定する（経済的）価値とリスクの創造が実体経済で起こるため、投資家がシステミックな（経済的）価値を高めてシステマティックリスクを減らしたいのであれば、（経済的）価値とリスクを生み出すシステムに介入する必要がある。したがって、期待される相関、ボラティリティ、リターンに影響を与えるフィードバックループが存在するはずである。

MPTとシステムの相互作用には、時間がたつにつれ、ふたつの基本的な形態ができる。おそらく最も明白なのは市場の進化だ。ステージ3のガバナンス目標の達成に向けて設計された、商品の創出や撤回に対応するために市場が進化するのである。グリーンボンドやインパクトインデックスファンドは環境システムに影響を与えようとし、ソーシャル・インパクト・ボンドやコミュニティ・ファイナンス・デベロップメント・ボンドは地域社会の改善を目的として存在する。金融セクターの創造性を考えると、このようなインパクト証券が今後ますます増えていくに違いない[71]。

たとえば投資銀行は、財務条件をESG目標に直接結びつける商品を提供しはじめている。2020年、エネルのオランダ金融管理子会社エネル・ファイナンスは、資金使途を国連のSD

Gs（持続可能な開発目標）関連のプロジェクトに限定する社債「SDGs連動ボンド」を発行した。エネルが目標を達成すれば、金利は下がる、もしくは据え置かれる。達成できなければ金利が上がる。オランダの3大年金基金がこれに投資している。[72]

これは一例にすぎない。大手投資銀行モルガン・スタンレーによれば、2020年4月、320億ドルのソーシャルボンドとサステナビリティボンドが発行されている（グリーンボンドは含まれていない）。実際、2020年4月は、はじめてソーシャルボンドとサステナビリティボンドが発行額でグリーンボンドを上回った。[73] こうしたソーシャルリンクボンドは銀行融資にも取り入れられている。オランダ最大手ING銀行は、融資先のサステナビリティ・パフォーマンスに利子を連動させるサステナビリティ連動型ローンを提供している。[74] こうした融資がパッケージ化され、証券化されるまでには、どれほどの時間がかかるだろうか。明らかに、これらの商品のリスクとリターン、およびMPTポートフォリオとの相互作用は、MPTの銘柄選択やポートフォリオ構築と将来的に離れていくだろう。

より一般的には、投資家が他の投資家をリスクや機会に敏感にさせるか、現実世界の政策や慣行に影響を与えることができれば、第2章で述べた情報吸収と一致して、リスクと機会に対する認識の変化に応じて市場の再評価が行われる。

わたしたちはいまや皆βアクティビストである

ここからは、システマティックリスクをめぐるβアクティビズムの6つの例を紹介する。環境や社会のシステムリスクに絞ったステージ3の取り組みをとりあげたいと思うが、システムリスクすべてを網羅することはできないし、それを試みるのも無謀である。投資家が、資本市場、経済、社会全体のあいだのフィードバックループに関する理解を一段と深めているからだ。加えて、環境・社会・金融の各システムがつねに進化することを考えると、新たなリスクと機会が生まれるのは避けられない（たとえば、気候変動は20世紀後半まで概念として存在しなかったし、AIも21世紀の前半まで、システマティックリスクと機会をもたらすほど進化していなかった）。

そこで、気候変動やジェンダー多様性などの周知のシステマティックな（そしておそらくシステミックな）リスクと、薬剤耐性やAIなどの新たなリスクを6つとりあげることにした。投資家は、小規模ながら影響力のあるインパクト投資家（ドミニ）から世界最大の投資家（ブラックロック）まで、また、宗教アセットオーナー（英国国教会）からユニバーサルバンク（ノルデア）までさまざまだ。事例のなかに含まれるべき無数のステージ3の投資家の取り組みを割愛せざるを得なかったことを事前に謝罪しておく。だが、ここに挙げる6つの事例は、ニューヨーク市の取締役会説明責任プロジェクトと同様に、現在進行中のコーポレートガバナンスのステージ3のシステマティックリスク低減と機会強化の取り組みの領域と重要性を示している。最後に、これらは詳細な歴史的背景ではなく、ステージ3のガバナンス手法の例をツールを踏まえて概要したものであることも断っておきたい。

気候変動

（使用されるガバナンスツール：追加性、アプローチの多様性、評価、相互接続性、政治性、自己組織化、解決策、基準設定）

2020年1月11日、世界有数の資産運用会社ブラックロックのラリー・フィンクCEOは、「気候リスクは投資リスクである」と世界に向けて語った。[75] これははじめて聞くことではなかった。イングランド銀行総裁のマーク・カーニーは、炭素関連資産の（経済的）価値が崩壊する「ミンスキー・モーメント（ミンスキーの瞬間）」について何年も前から警告を発していた。[76] 中央銀行のための銀行である国際決済銀行は、中央銀行は世界の資本市場を気候リスクから救うことはできないとしばらく前から言い続けていたが、フィンクの発言の1週間後に「グリーンスワン」レポートを発表した。[77] セリーズによって部分的に組織された投資家連合は、パリ協定の採択に大きく貢献した。低炭素インデックスファンドやクリーンテック・ポートフォリオには、何十億ドルもの資金が投入されている。

よって、「気候リスクは投資リスクである」という声明は新しい見解ではなかったが、ブラックロックによる声明であることが金融界の話題をさらった。ブラックロックは世界最大の資産運用会社であり、運用資産は約7兆ドルにのぼる。フィンクは長年にわたり、同社の投資先企業のCEOに向けて手紙を書き続けてきた。その手紙はたいてい、企業が長期的な視野に立ち、社会的な目的を持つことの必要性を訴えたものだった。

ところが、ブラックロックは口ばかりで行動がともなわないとの批判を受けることもあった。とくに環境問題に関してはそうだった。たとえば、気候変動対策を促す投資家グループによる取り組み、クライメート・アクション100+（CA100+）には参加していなかった（350の同業他社は参加していた）。気候に関する株主決議にも一貫性がなく、多くの気候活動家はなんの助けにもならないと考えていた[78]。ブラックロックは、企業との内輪の話し合いが投票に影響を与えたと説明している。だが、話し合いでは、何が行われ、何が行われなかったのかは不透明だった。

ブラックロックは、フィンクの手紙の2日前にCA100+に参加した[79]。フィンクは、その手紙のなかで「気候変動は企業の長期的な展望を決定づける要因となっている。……わたしたちは、金融のあり方を根本的に変えようとしている……近い将来、それも多くの人が予想するよりも早く、資本の大規模な再配分が行われるだろう」と述べ、その後「持続可能性を投資手法の中心に据えるための数多くの取り組み」を発表した。それには「持続可能性をポートフォリオ構築とリスク管理に必須のものとし、一般炭の生産者など持続可能性に関するリスクの高い投資を停止し、化石燃料をスクリーニングした新しい投資商品を立ちあげ、投資スチュワードシップ活動における持続可能性と透明性へのコミットメントを強化する」ことが含まれていた。

また、CEOたちに向けて、サステナビリティ会計基準委員会（SASB）と気候関連財務情報開示タスクフォース（TCFD）の基準に従ってデータの報告を行うよう求めた。SASBは「環境、社会、ガバナンスに関する業界特有の開示基準」の枠組みを確立している。また、TCFDは「自主的で一貫性のある気候関連財務リスク開示」を提案している。[80]

フィンクの要請があるまでは、ESGファクターの報告は混乱をきわめていた。政府も、従来の会計基準の設定者たちも、開示基準の設定を拒否してきたからだ。その結果、開示の枠組みは略語だらけになっている。SASBやTCFDはもちろんのこと、アルファベット順にCDP、EEI、GRESB、GRI、IIRC、IPIECAなどがある。2018年のレポートによると、S&P500社の78パーセントがサステナビリティ報告書を発行しているが、基準がまったくないという。報告をした企業の97パーセントは、さまざまな枠組みから好きなように選んでカスタマイズしており、ここに挙げた6つの枠組みを参照している企業もあれば、まったく参考にしていない企業もあった。[81]その結果、企業のESGの取り組みを比較するための一貫性も能力もほとんどなかった。

ESG情報開示のための民間の基準設定というフィンクの試みは、間違いなくステージ3のガバナンスツールであり、現状を一変させるものだった。[82]フィンクの手紙が公開されてから数日のうちに、SASBは多くの企業から問い合わせを受けた。

ブラックロックは、気候変動対策において主導的存在ではなかった。おそらく、世界最大の資産運用会社という地位が邪魔をして、他社ほど迅速に行動できなかったのだろう。しかし、フィンクは意図的にさまざまなツール——基準設定、追加性、相互接続性——を用いて、現代コーポレートガバナンスのステージ3にあり、気候リスクは投資リスクであることを明確に示しているのだ。

薬剤耐性

（使用されるガバナンスツール：評価、相互接続性、地域性、政治性、基準設定）

2020年初頭の新型コロナウイルス感染症の拡大が世界に想起させたように、地球規模の健康と経済の結びつきは、深く、広く、根強い。ペストにはじまり、1918年から1919年にかけての世界的なインフルエンザの大流行まで、世界的大流行《パンデミック》は数千年にわたり、社会のあり方を無情にも変えてきた。

コロナウイルスによる感染症の発生は、少なくとも2007年には予測されていた。その正確さは驚くべきもので、2020年のパンデミックの原因として疑われるものまで挙げられていた。コウモリ由来のコロナウイルスと、中国南部の生鮮市場の性質との組み合わせである。そこでは、捕獲された動物が、生きたまま近くに置かれ、食用として売られていた。[83]

次に注意を払うべき世界的な健康上の脅威は何だろうか。ひとつは、薬剤耐性すなわち標準的、さらには先進的な治療法に対して、細菌が進化して耐性を持つようになることだ。イギリスのデイヴィッド・キャメロン首相（当時）は、国家とウエルカム・トラストによる薬剤耐性に関する共同研究レビューが発表された際、警告を発した。「行動を起こさなければ、抗生物質が効かなくなり、医療の暗黒時代に逆戻りするという、予想だにしないシナリオが待っている」[84]。興味深いことに、この共同レビューを主導したのは、新興国市場の研究で知られる経済学者のジム・オニールである（ブラジル、ロシア、インド、中国の頭文字をとってＢＲＩＣｓという言葉を作った）。オニールは「……薬剤耐性は……経済的かつ安全保障上の脅威として取り組む必要がある」と書いている[85]。驚くべき数字が示された。放置すれば、薬剤耐性は２０５０年までに１０００万人の命を奪い、世界経済の損失額は約１００兆ドルに達するという[86]。薬剤耐性菌は、欧米だけでもすでに年間５万人の死亡原因となっていると指摘される[87]。この問題は型破りなポジティブ投資家であるラジ・タモテラムが言うところの、「予防可能な驚き」の典型である[88]。

この問題に注目し、驚きに備えている投資家が少なくともひとつある。ノルデアだ。北欧最大の銀行グループであるノルデアは、約３２５０億ユーロを運用し[89]、インドの医薬品製造業に注力している。インドは、中国とともに、さまざまな抗生物質を含む世界の医薬品の多くを製造している。しかし、その集中的な製造セクターが、社会的かつ経済的なリスクを生み出している。製薬による地下水の汚染が、薬剤耐性微生物の繁殖を助長するからだ。

インドの製造地域を訪問したノルデアは「欧米の製薬会社に供給される医薬品の製造によって、水質がひどく汚染されているのを目にした……そこで、独立した機関に現地調査を依頼した」と同社のサステナブル金融責任者サーシャ・ベスリクは書いている。[90] 調査結果は、業界団体である医薬品サプライチェーン・イニシアチブに提出され、行動計画が策定された。[91] それから4年もたたない2020年1月、インド政府は、医薬品製造工場から排出される抗生物質の流出量を制限する新たな法律を提案した。[92]

ジェンダー多様性

(使用されるガバナンスツール：追加性、アプローチの多様性、評価、相互接続性、解決策、基準設定)

2017年3月のある朝、ウォール街を訪れた人々は驚いた。一夜のうちに、「恐れを知らぬ少女」の銅像が出現したからだ。高さわずか4フィート2インチ(127センチ)の銅像は、両腕を広げ、腰に手を当てて、ウォール街の象徴である雄牛の彫刻と対峙し、挑むように目の前の空間を見つめている。メディア、一般市民、業界は、たちまち魅了された。恐れを知らぬ少女は、テレビの報道、Tシャツ、インターネットのミーム、エッセイなどにとりあげられた。

少女の像は、資産運用会社ステート・ストリート・グローバル・アドバイザーズ(SSGA)により、企業の役員室や経営陣のジェンダーの多様性を高める運動の一環として制作されたものだった。[93] また、SSGAは、単一のジェンダーからなる取締役会が生み出すリスクに関する研究の結果を数多く公表し、男性だけで取締役会が構成される1463のグローバル企業に介入して、ジェンダーの偏りは最適ではないうえに容認できないことを明確に指摘した。2020年10月時

図 5-1 「恐れを知らぬ少女」

点で、１万１４８３社のうち７８９社が女性の取締役を増やしたか、増やすことを約束している。[94]

ジェンダー多様性は、他の多くの企業でも課題となっている。２０１１年に設立された30パーセント連合は、取締役会の多様性を主張し、約6兆ドルの運用資産を有する投資家から支持されている。[95] ＬＧＩＭは、女性取締役の比率が25パーセント未満のすべてのイギリスの大企業の取締役に反対票を投じている。[96] ＳＳＧＡとＬＧＩＭはどちらも、ジェンダー多様性の水準が高い企業に資金を振り向けるリテール金融商品を提供している。これは、特定の企業だけでなく、多様性の欠如という市場全体のシステマティックリスクに対処する取り組みだ。このような資産運用機関による基準設定の試みは、ゆっくりではあるものの、効果を見せている。

2012年の時点では、S&P500社の取締役会の8分の1が男性のみだったが、2019年には、その数はゼロになった。[97]今日のアメリカの企業全体で、取締役は約20パーセントが女性であり、S&P500の大企業では、その数は27パーセント以上にのぼる。[98]進歩は多くの人が望むよりも遅いが、資産運用機関や株主がシステマティックな課題としてジェンダー多様性に注目しはじめてからの加速は著しい。新規株式公開市場でも、ジェンダー多様性は（社会からの）異議申し立てであり、規則ではないことを理解しはじめている。

2019年、アメリカで上場した主要企業のうち、取締役会が全員男性だったのは1社だけだが、その前の3年間は約半数がそうだった。ウォール街の権力の典型とされ、しばしば批判されるゴールドマン・サックスも、ジェンダーと人種の多様性を改善するために努力をしている。CEOのデヴィッド・ソロモンが、取締役会に女性がひとりもいない企業に対しては主幹事を引き受けないことを発表し、2021年にはその数をふたりに増やしたことで注目を集めた。[99]また、ゴールドマン・サックス・アセット・マネジメントは、ジェンダー多様性に欠ける取締役会に反対票を投じることも発表している。さらに、同社の運用資産の半分以上が女性によって運用されている。[100]「（多様性のある）チームを維持することは、ポートフォリオの構成を多様にすることと同じように重要だ」とシーラ・パテル会長は述べている。「世界を別の角度から見れば、問題に対してより多くの解決策が見つかるし、強力なリターンを生み出すためのより良いチャンスを得られる」

研究もそれを裏づけている。世界屈指のコンサルティング会社マッキンゼーが実施した2018年の調査によると、ジェンダー多様性の達成が上位4分の1の企業は、下位4分の1の企業よりも21パーセントの確率で業界の中央値よりも収益性が高く、27パーセントの確率でより多くの価値を生み出すことが明らかになった。[101]

森林破壊

（使用されるガバナンスツール：追加性、アプローチの多様性、評価、相互接続性、地域性、政治性、自己組織化、解決策、基準設定、公益性）

ニューヨークを拠点とする小規模な資産運用会社ドミニ・インパクト・インベストメンツは、βアクティビズムを採用している。責任投資のパイオニアであるエイミー・ドミニによって設立された同社は、特定の分野において将来を先取りした革新的なアイデアや解決策を指し示す、ソートリーダーシップにより、他の投資家に多大な影響を及ぼしている。近年、そのソートリーダーシップが森林破壊に強く向けられている。

ドミニは、慎重なアプローチを用いてリスクの低減を図る。その結果、ガバナンスツールをすべて使用しており、インパクトを与えたいと望む投資家にとってよき模範となっている。取り組みとして、森林の経済的・社会的・環境的な事例の調査を行い、森林は、きれいな空気、食糧、さまざまな先住民の生計手段、気候の安定性、生物多様性などの利益をもたらすと述べた。そして、「森林の長期的な価値の源泉を傷つけながらも、価値を引き出そうとする短期的な利益の追求」と「適切な価値とコストの枠組み」の欠如を森林破壊のふたつの根本原因とし、さらに4つの近因を挙げた。大豆、牛肉、木材、パーム油への需要である。ここでは、βアクティビストの誰もが低減しようとするシステミックリスクではないものの、「適切な価値とコストの枠組み」の欠如をβアクティビストが市場の失敗とみなすものの共通の根本原因として着目したい。「評価」あるいは数値化が困難な富やリスクの創造に価値を与えることが、TIIPの10のツールのひとつである理由だ。

因果関係の調査後、ドミニは「森林の信条声明」を策定し、森林がわたしたちの中核的な投資慣行やリスク低減にかかわっていることへの理解を求めた。さらに、森林の有効性に関する原則を作成した。この4項目からなる声明は、まるでコーポレートガバナンスのステージ3の戦術を箇条書きにしたようなものである。

1　投資、関与、およびその他の業務上の意思決定にあたって、森林が与えてくれる長期的な価値やサービスへの企業や投資家の依存度と影響の総合的な理解を反映させる。
2　森林システムの価値を高める、ポジティブなシステムダイナミクスの創出に取り組む。
3　森林への直接的および間接的、加えて正と負の両方の影響を特定し、監視する。

4　当社の原則とプロセスを投資家、投資先、金融業界と共有し、森林に関する全体的かつ長期的な政策と実践を促進する。[102]

ドミニはまた、森林プロジェクトに関する社内の重要な業績評価指標を見直し、24項目を修正し、ＳＤＧｓに対応させた。[103] そうした準備の結果、多面的な取り組みが実現した。アメリカとブラジルの森林保護を目的としたグリーンボンドへの投資、業界内の提携先の説得、他の投資家向けのリソースの創造、「持続可能なパーム油のための円卓会議」（のちに森林破壊の禁止を定める）などの業界の基準設定者との協働、79の企業との連携などに加え、ドミニのＣＥＯキャロル・レイブルは業界のイベントで講演し、同社の懸念がより広く認知されることになった。[104] ドミニはまた、セリーズと責任投資原則の共同イニシアチブである持続可能な森林のための投資家イニシアチブにも参加している。[105]

このような考え抜かれた総合的なアプローチにより、従業員26名、運用資産20億ドル規模の企業とは思えないほどの影響力を持つまでになった。[106] ２０２０年はじめには、カリフォルニア州森林破壊フリー調達法を支持する、25名のメンバーからなる４４００億ドル規模の投資家連合を率いた。[107] ６つの「Ｅ」ファクターを制定したＥＵタクソノミーには、２０２４年以降に標準化されると言っていい。情報開示が必要な主要課題に森林破壊が含まれている。これはドミニの先見性を示していると言っていい。

AI

（使用されるガバナンスツール：相互接続性、政治性、自己組織化、基準設定）

2020年1月、デトロイトの自動車部品メーカーの社員が、窃盗の重罪で警察に逮捕された。が、それは間違いだった。顔認証アルゴリズムの欠陥のせいで、無実の男が誤認されたのだ。[108] AIのバイアス（偏り）によって誤認逮捕された初の事件だが、これが最後にはならないだろう。

この問題は、社会のみならず、経済や資本市場にとっても懸念すべきことである。AIは、自動運転車からソーシャルメディアの操作の最適化、金融に偏在するアルゴリズムなど、ビジネスのほぼすべての側面に急速に浸透しつつある。だが結局のところ、AIには人工的な愚かさがあり、間違える。系統的バイアスを示すことさえある。たとえば顔認証は、黒人よりも白人のほうが正確であり、女性よりも男性のほうが正確である。[109] デトロイトの事件の直後、AI顔認証の技術開発が不十分であるとの懸念から、マイクロソフト、アマゾン、IBMは、少なくとも一時的に、そうした製品を警察に販売するのを中止した。[110] 人種的偏見だけではない。ゴールドマン・サックスは信用供与の際に、アルゴリズムの欠陥によるジェンダー・バイアスを示すことが指摘されている。[111] このようなエラーは、違法であると同時にコストがかかる可能性がある。イギリスの保険会社は、設計の不十分な音声認識ソフトに過度に頼ったせいで、520万ポンドの罰金を科された。[112] そのうえ入力した保険契約をすべて破棄したため、罰金の何倍もの機会損失コストが発生した。[113] フェイスブックやアルファベットなど、膨大なデータとAIを駆使する新たなビジネスモデルに与えられる評価と、自動運転車、ドローン配送サービス、スマートグリッド（次世代電力網）など多数のＡＩへの投資を考えると、バイアスや単なる杜撰《ずさん》さによる経済と資本市場の抱える潜在的な混乱は明白なうえに恐ろしいものである。

６０００億ドル規模の資産運用会社フェデレーテッド・ハーミーズ[114]は、基準設定プログラムに着手し、ＡＩの3種のバイアス——入力データのバイアス、プロセスのバイアス、結果のバイアス——に対処することで、金融セクターを中心として[115]、ＡＩのお粗末なガバナンスによるシステマティックリスクを低減しようとしている。イギリスに本拠を置く同社は、この課題に関するふたつの主要な報告書を寄稿し、責任あるＡＩ利用のための6つの原則を作成した。[116]また、ＡＩリスクのガバナンスに関して、銀行、テクノロジー、医療機器、製薬などのポートフォリオ内の60社と協働し、課題に対する関心を高めるために業界、規制当局、投資家を交じえた注目度の高い会議に定期的に参加している。[117]

資源採掘及び鉱滓ダム安全確保イニシアチブ

（使用されるガバナンスツール：アプローチの多様性、評価、相互接続性、地域性、政治性、基準設定）

わたしたちの携帯電話には採掘された資源が使われている。車も、コンピュータも、家も、所有するほぼすべてのものがそうである。投資家は、データ、情報、テクノロジーへの依存度が増しつつある経済には採掘産業が欠かせないことを強く認識している。しかし、そのような投資家には懸念すべき理由がある。鉱物資源は、最新のハイテクの材料になるだろうし、採鉱産業の慣行は21世紀の水準に合わせて変化する一方で、古い経済慣行もいくらか残っている。古い慣行は、環境・社会・経済にリスクをもたらす。たとえば、多くの鉱山では、採鉱副産物である尾鉱《びこう》を廃棄用の山や池に捨てるなり、貯蔵するなりしている。尾鉱は有毒である可能性があり、永遠に封じ込めるように設計されたダムによって貯蔵されている。だが残念なことに、一般的なタイプのダムが建設されると（建設費が安いため）事故が起こりがちだ。[118]

本書執筆直前の18カ月間に起きた廃棄物堆積場と尾鉱ダムの失敗例を以下に挙げる。[119]

- ２０１９年1月、ブラジル、ブルマジーニョ——尾鉱ダム決壊事故。約５マイル（約８キロメートル）下流の地域に泥流が押し寄せ、２５９人が死亡した。11人が今も行方不明。資源採掘大手ヴァーレの市場価値はこの事故の影響で１９０億ドル（24パーセント）急落した。[120]
- ２０１９年３月、ブラジル、マシャジーニョ・ドエステ——豪雨による錫鉱山ダムの崩壊。7つの橋が損壊した。
- ２０１９年４月、インド、ムリ——ボーキサイト鉱山の尾鉱池から赤泥が流出。35エーカー（14万平米）の土地と鉄道線路に泥が押し寄せた。
- ２０１９年４月、ミャンマー、パカン——ヒスイ鉱山で大規模な地滑り。３人の労働者が死亡し、54人がいまだ行方不明。

・2019年7月、ペルー、サン・ペドロ・デ・コリス地区――銅鉱山のダムの欠陥により、10エーカー（4万平米）以上が汚染された。

・2020年3月、中国鉄力市――モリブデン鉱山のオーバーフローシステムが故障。約6万8000人の飲料水が危険にさらされた。

・2020年7月、ミャンマー、パカン――ヒスイ鉱山で大雨による大規模な地滑り。少なくとも162人が死亡した。

ブルマジーニョ尾鉱ダム決壊事故を契機に、総額13兆ドルの運用資産を有すアセットオーナーや資産運用機関の一団が資源採掘及び鉱滓ダム安全確保イニシアチブを発足させた。[121] 英国国教会年金理事会とスウェーデン公的年金基金（AP）の倫理評議会が共同議長を務めるこの投資家連合は、わずか2年で新たな安全性と情報開示基準の策定にこぎ着けた。

技術顧問、政府、採掘産業、地域社会からの情報提供を受け、投資家連合は、実態調査と啓発活動を兼ねた投資家と業界のハイレベルな会合を数回開催した。その後、ふたつの主要なイニシアチブを決定した。まず、「事故の結果にもとづく尾鉱ダムのための独立した、一般に公開される新しい国際基準」を提唱した。[122] 国連環境保護計画、責任投資原則、国際金属・鉱業評議会と共同で結果の総括と新しい基準設定を行い、2020年に尾鉱管理に関する国際業界規格を策定した。[123]

次に、投資家連合は、鉱滓と鉱業副産物の保管に関する透明性の欠如の課題に取り組んだ。世界各地の尾鉱ダムのデータベースやリストは存在しなかった。そこでは、727の採掘企業に、尾鉱ダムと安全に関する取り組みについて具体的な情報公開を求める書簡を2019年4月に送付した。1年後、340社から回答があり、そのうち298社が開示を完了した（42社が期限の延長を求めた）。おそらくより重要なのは、時価総額上位50社のうち45社が回答し、業界の65パーセントの情報が完全かつ一般に公開されたことである。[124]

正当性

コーポレートガバナンスのステージ3の対象となる課題は多岐にわたり、その多くは政治的な問題をはらんでいるため、βアクティビズムとして、何が「正当な」課題なのかという疑問が湧く。[125]正当性を定義するのは一筋縄ではいかない。たとえば、アメリカ労働省が、ESG指標の使用、とくにESGファンドを年金基金の投資先に用いる際の規則をふたつ発表したことで、ふたつの規則は対立する事態になっている。政権交代によって、異なる政党が正反対の方向に変更を行ったせいだ。[126]残念ながら、何が正当で何が正当でないかをめぐる議論のほとんどは、政治的な枠組みにはめられ、何が「投資」で、何がそうでないかという時代遅れのMPTの考えに影響を受けてもいるため、βアクティビズムを行わないこと自体にリスクがあるのを無視している。薬剤耐性が本当に1000万人の命を奪い、100兆ドルの経済損失をもたらすなら、傍観し続けることは価値中立的な決断なのだろうか？　だが、傍観も、一般的にはβアクティビズムを正当化する意思決定であることに変わりはない。ある特定のβアクティビズムの取り組みの正当性を決定するものとは何だろうか？

わたしたちは、正当性を、投資のふたつの主要な目的を達成することと定義している。第2章で定義したように、投資家のためのリスク調整後リターンの創出と、社会のための仲介と資本配分である。これらの目的を拡張型リスク・リターンと拡張仲介という概念を含めることで押し広げる（第4章）。となれば、非正当性は個人や組織の特異型信条や、経済的優位性に利するもの、および／またはリスクとリターンの最大化や仲介に悪影響をもたらすものである。もちろん、ステージ3のガバナンス活動を私的にとらえる可能性もある。しかし、そこには、βアクティビズムを乱用から守る、（絶対的ではないが）ある程度の防御策が内在していると思われる。

βアクティビストは、当然ながら、システマティックな課題に影響を与えようとする。つまり、資本市場内外の複数の関係者に影響を与える必要がある（それゆえガバナンスのツールの「相互接続性」が重要となる）。リスク管理者なら誰もが言うように、関係者の数が増えるほど、首謀者が詐欺や不正をはたらくのは難しくなる。そこで、複数の投資家、企業、規制当局、報道機関、非政府組織、研究者、その他の人々を巻き込めば、βアクティビズムが環境・社会・金融システムを犠牲にして私利私欲のために利用されるのを防ぐことができる。

結局のところ、こうした人々はシステムの改善から利益を得ており、システムを傷つけるような「正当でない」βアクティビズムに参加した際の報いを受ける必要があるだろう。システムの保護策を作りあげる行為には、βアクティビストが、通常、資本市場のごく一部の代表だという事実がある。ドミニのような投資会社は資本市場の100分の2未満のベーシスポイントを占めているにすぎない（世界最大の投資会社ブラックロックでさえ7パーセント未満だ）。ということは、傍観をやめて行動を起こさせるには、βアクティビストは一般に、他の資本市場参加者に加え、実体経済のプレーヤーたちに向けても広く経済的主張をしなければならない。だが、私的な経済的利益（コーポレートガバナンス論では「投資家の機会主義」と上品に表現している）の主張が説得力を持つとは考えにくい。

さらに、資産運用機関であれアセットオーナーであれ、βアクティビスト自身も、ガバナンスの仕組みを持っている。このような活動は通常、取締役会、理事、投資委員会の承認を得る必要がある。経験上、彼らは資源の支出を承認する前に活動の経済的正当性を求めており、こうした活動が軽々しく認められることはほとんどない。

最後に、イギリスのスチュワードシップコードからアメリカのN-PX（議決権行使記録）まで世界中の規制制度により、投資家は委任投票、エンゲージメント、スチュワードシップ活動についてある程度の透明性を提供する必要がある。透明性は悪質行為を完全に止める防護策にはならないが、抑止力にはなる。

βアクティビズムの経済学

市場のβは、市場全体に対する個々の証券やポートフォリオの動きを測定するために1・0に設定されるものの、第2章で論じたように、この1・0が表すものは時間の経過とともに変化し、多くの投資家の見解と資本の配置を反映する。「リスクオン」市場では、投資家は将来のリスクの低減を予想するため、より低い報酬を求める。「リスクオフ」市場は、その逆である。将来のリスクを高めると思われる予期しない出来事――2020年の新型コロナウイルス感染症や2008年の世界金融危機――が起こると、市場全体の（経済的）資産価値が低下する。同様に、武力衝突の可能性の縮小や、経済活動の促進を狙った中央銀行の利下げなどのリスク低減の期待は、市場全体の（経済的）資産価値を高める。よって、ステージ3のガバナンス活動の結果、システマティックリスクが低減されるのであれば、（経済的）資産価値の上昇につながるはずだ。これは、将来のキャッシュフローを過大評価したり、非合理的にリスクを前倒ししたりすることへの対抗策となる。

そのようなリスクの再評価は強力である。たとえば第2章で詳述したように、ニューヨーク市の取締役会説明責任プロジェクト（BAP）は、75社のガバナンスリスクを低減したと投資家からみなされた。ひとつの取り組みによって、53ベーシスポイントの再評価が行われたのである。

このような定量的評価により、ニューヨーク市のプロジェクトは稀有なものとなっている。これは、オン・アゲイン・オフ・アゲイン・プロキシーアクセスの自然実験によって実現された。

一般的に、ステージ3のガバナンス活動の影響力を定量的に算出するのは、「対照」群が存在しないために難しい。システマティックリスク低減の試みが、市場の一部ではなく市場全体に影響を与えるように設計されているため、対照群が存在しないのである。そのため分析にあたって、事実に反する状況が作り出されることになる。

もちろん、対照群がない場合でも、いくつかのデータポイントはある。たとえば、ジェンダー差別の課題に関するマッキンゼーの調査によると、ジェンダー多様性が上位４分の１と下位４分の１の企業では、数百億ドルに相当する評価差があるという。[127] また、リスク低減されなかった場合のコストの試算もある。たとえば、イギリス政府の報告によると、２０５０年までに薬剤耐性がもたらすコストは１００兆ドルにのぼると見積もられている。[128] そしてもちろん、リスクが移転した場合の現実の影響もある。たとえば、ブルマジーニョ尾鉱ダム決壊事故が起き、ヴァーレの時価総額は24パーセントも下落した。

したがって、ステージ３のガバナンス活動の経済的影響を測定することは困難ではあるものの、経験にもとづいた、控えめな推定をしたいと思う。ＢＡＰの調査がひとつの指針になるだろう。ＢＡＰはアメリカの株式市場のみを対象としている（ただし、ほとんどの市場では体系的なガバナンスの取り組みが進行中である）。

さらに、ａ）ＢＡＰはひとつの特定のガバナンスリスクに関連するひとつのアクションのみを行っている、ｂ）プロキシーアクセスがより広範に適用される場合、影響はより大きくなるという研究者による分析がある（その後、広範囲に適用されている）、c）ステージ3のアクティビズムは、6つのシステマティックリスクの低減へと目標が拡大された、d）より多くの、より大手の投資家（ブラックロック、SSGA、LGIM、GPIFなど）が意図的なガバナンスツールを使いはじめているため、控えめに見積もっても、ステージ3のリスク低減の取り組みによって、2から5パーセントの市場の再評価が行われた、また行われ続けていくと考えられる。

2020年はじめの世界の運用資産は、89兆ドル[129]から102兆ドル[130]と見積もられており、プライスウォーターハウスクーパース（PwC）によると、2025年にはその額は145・4兆ドルに膨らむと推定されている。[131]したがって、中間の数字を100兆ドルとすれば、ステージ3の活動によって、少なくとも世界の富の2兆ドルから5兆ドルが創出されたことになる。確かに、これは概算であるが、ステージ3のガバナンス活動によって世界の運用資産をかなり増やし、社会や経済全体では何倍にも増やしていることは明らかである。

これらの数字は、ステージ3のガバナンスが社会にとっても、最終的な投資家（個人であれ機関であれ）にとっても、重要であることを示している。また、資産運用業界にとっても影響が大きい。資産運用業界の報酬体系は、運用資産にもとづくことがほとんどだからだ。業界の平均手数料については多くの試算があるが、大半は50ベーシスポイントから1パーセントである。[132]つまり、ステージ3のガバナンス活動は、業界にとって年間100億ドルから500億ドルの価値があることになる。

しかし、業界全体としての利益は、その大半が個々の企業に還元されるわけではない。ステージ3のガバナンスの影響は市場全体に及ぶからである。そのため、トレーディング（αシーキング）のように企業の差別化にはつながらない。これは従来の「フリーライダー（ただ乗り）」問題でもある。ステージ3の活動に貢献しない企業も、運用資産が全体で2から5パーセント増えたことによる手数料増加の恩恵に与《あずか》れるからだ。コーポレートガバナンスの専門家にとって、フリーライダー問題はステージ1からの悩みの種になっている。2003年、シティグループの運用部門の責任者であったトム・ジョーンズは、「もしわたしたちが株主アクティビズムのために資金を使うなら、シティグループ・アセット・マネジメントの株主はその費用を負担しながらも、他の株主よりも際立った利益を得られなくなる」と述べた。[133] 注目すべきは、ジョーンズが利益を否定したわけではなく、受益者にとっての利益より企業であるシティグループにとっての商業的利益を評価したにすぎないことだ。

だが、ありがたいことに、そうした姿勢は変わりつつある。ジョーンズの2003年の発言と、LGIMのサシャ・サダンが2020年にケンブリッジで開催された金融セミナーで語ったことを比べてみよう。「わたしたちは7億5000万ポンドのBP（株）を保有しています。その7億5000万ポンドを気にするなということですか？　ほかの誰かが利益を得るかもしれないという理由で？」[134]

サダンはクライアントに対する会社の義務を重視した。だが、理論的には、自分たちに資金を預けた貯蓄者への義務を無視するような倫理を欠いた資産運用機関でも、コーポレートガバナンスのステージ3を支持するべきである。理由は純粋に利己的なものだ。第一に、ますます多くのスチュワードシップコードや、他の報告制度や、組織的なアセットオーナーが、投資会社がリスクに対処するために何をしているかを尋ねるようになれば、ステージ3のガバナンスを採用しない企業は取り残され、その結果、機関投資家から委託を獲得できなくなるかもしれないからだ。多くの機関投資家にとって、責任投資原則の加盟企業であることが、すでに資産運用委託を考慮する際の事実上の基準となっている

ステージ3のガバナンス活動を支持することは、運用資産を2から5パーセント確実に増やすために自分の役割を果たすという考え方もできれば、安価な保険だという自己中心的な考え方もできる。資産運用機関の計算は次の通り。

ガバナンス活動への最適な支出＝（AUM×平均手数料）×（100－売上高純利益率の目標値／100）×(0.02～0.05)

たとえば、平均手数料が50ベーシスポイントで、運用資産額が100億ドル、よってグロスの手数料は5000万ドルの資産運用機関Xについて考えてみよう。Xの売上高純利益率が事業全体で40パーセントだとする。Xは60万ドルから150万ドルをステージ3の活動に費やすべきで

ある＝（$50,000,000）×（0.6）×（0.02～0.05）。もちろん個々のマネジャーの金額を調整するような事情もあるだろう。運用資産額が少ない運用会社の場合、最低限必要な経費がステップ関数で表される。新規雇用やイニシアチブを効率的にするには最低限必要な経費があるからだ。一方、何千万ドルという資金を、メガマネジャーのためにどう有効的に使うかという現実的な問題もある。さらにビジネスモデルの問題もある。たとえば、スチュワードシップ活動をアイデンティティの中核とする責任投資マネジャーは、より多くの資金を使うかもしれない。

フリーライダー問題を軽減する方法もある。集団行動にかかる個々の参加者のコストを減らすために、また資産を集約して影響力を持つために、さまざまな種類の連合が形成されてきた。たとえば、セリーズ[135]とＣＡ１００＋[136]は環境課題に焦点を当て、インベスター・スチュワードシップ・グループ[137]とインターナショナル・コーポレート・ガバナンス・ネットワーク[138]は、より広くガバナンスの問題と持続可能性に焦点を当てている。アメリカの機関投資家評議会[139]、ブラジル・コーポレート・ガバナンス研究所、カナダのグッドガバナンス・カナダ連合[140]などは、国内市場についてより詳細な情報を提供している。責任投資原則は国際的な活動をしている。研究によると、これら投資家の主導や支援による協調的な取り組みは奏功している。[141]

オスカー・ワイルドは正しかった

ステージ3のガバナンス活動やそのシステムの焦点を、銘柄選択や分散ポートフォリオと組み合わせることで、MPTのパラドックスに少なくとも部分的に解決できるように思われる。βアクティビズムによって、投資家はシステマティックリスクを多少なりとも低減し、システマティックな機会を利用することができる。

資産運用業界は、金融資産の配分・監督・処分に関わっているため、業界の分析が市場価格の問題に限定されることがある。だが、ステージ3のガバナンス活動が、社会・金融・環境システムと、それらによる価値やリスクの創造と破壊の仕方に影響を与えるように設計されているにもかかわらず、システムの健全性よりも容易かつ正確に評価できるという理由だけで、資本市場の価格のみを測定することは、オスカー・ワイルドの「皮肉屋」の定義を思い起こさせる。「あらゆるものの値段を知っているが、何ものの値打ちも知らない人間[142]」というのは、資産運用機関にも当てはまる。

2兆ドルから5兆ドルの価値創造という数字は目を見張るものかもしれないが、ステージ3のガバナンスがもたらす非資産価値への影響は、とくに拡張型リスクの低減や拡張型仲介、資産配分の影響を考えると、何倍も大きくなる。ステージ3のガバナンス活動は、MPTのように、可能な選択肢から最小分散ポートフォリオを作成することが、社会的に前向きなことで、金融・環境・社会システムを維持するものであるとは想定していない。むしろ、それらのシステムを能動的に強化しようとするものである。スコットランドの投資家で社会起業家のデビッド・ピット－ワトソンは、本章の初期の草稿に対して、投資家が、委任した者に説明責任を果たすようにしなければ、「資本市場は破綻するだろう」と語る。[143]

投資家が長期的に成功するには、資本市場が依拠する環境・社会・金融システムが強固かつ持続可能でなければならない。わたしたちが別のところで述べているように、「長期は短期の連続であると仮定し、現在のシステミックリスクの状況が今後も継続し、許容されるという仮定は、人々が資本市場を支える本質的なシステムを守るために、長期的に責任のある行動をすることを前提としている……システムは通常や標準の状態への回帰を意味するのではなく、ある程度経路依存的で、次の進化を現在の状態に依存する。言い換えれば、長期とは単純に、無関係な断続する短い期間を足しあげたものではない。むしろ、過去や現在のさまざまな結果が将来の結果と結びついているのである」。[144] MPT用語で言えば、これらは無作為な事象ではなく、したがってランダムウォークでもない。どの方向に進むかは確率論的であり、因果的に結びついている。

MPTにコーポレートガバナンスのステージ3を加える利点は、現実世界の金融・社会・環境システムに対するシステマティックリスクを低減できるということだ。これにより、資本市場が再評価され、何兆ドルもの価値が生み出される。そして最も重要なことは、こうしたシステムを将来にわたって機能させ続けることである。

おわりに

現代ポートフォリオ理論（MPT）と、それとともに成長した市場支配的な理論（効率的市場仮説、資本資産価格モデル、ランダムウォークなど）は、いずれもすぐれたものであると同時に大きな欠陥がある。除外、コミッション、みずからに課した制約の欠陥だ。多くの非現実的および（あるいは）誤った仮定にもとづく、その行為遂行的な特性は資本市場を変えながらも、理論自体は進化しない。

MPTは時代が生んだものだった。その時代ははるか昔のことになった。1950年代から1980年代にかけてはMPTの欠陥について、問題はあるものの、もっともらしい主張があったために、概念としても実践としても革命を先導した。この皮肉な成果を過小評価するべきではない。MPTの伝統の多くの要素が、理論自体が起こした投資革命から生じたいくつもの課題に対処できない、限定的なものであるからだ。

MPTとそれに関連する理論は、システマティックリスクとシステミックリスクに対処することを意図していなかった。これらのリスクを外因性のものだとみなしていた。だが、そうした除外の誤りも依然として誤りであり、これら理論の行為遂行性が、投資を現実の経済や社会から隔絶された小さい箱のなかに閉じこめてしまったせいで、投資を再定義しようとすれば、問題はさらに大きくなる。MPTの枠組みには、概念的にも実践的にも、フィードバックループが存在しない。価値観から（経済的）価値へのダイナミクスを無視し、金融恐慌や金融危機への意図しない関与を無視（ときには否定）している。環境・社会・金融システムに恩恵を与えたり、損害を与えたりする影響力を理解する仕組みもない。理論自体の行為遂行性における成功も、市場の構造的改革の一因となったという皮肉も認めていない。

ＭＰＴの大きな成功は、マーコウィッツの複雑な数学や、その後に開発されたさまざまな補完的テクニックや戦略にもとづいている。だが、その成功のせいで、実践者たちは、ＭＰＴの限界を見ようともしない。

本書のタイトルを「現代ポートフォリオ理論にかわる理論」とはしなかったものの、わたしたちには明確に代替手段を念頭に置いており、それは主に第5章で論じている。コーポレートガバナンス活動のうち、システマティックリスクとシステミックリスクの低減に焦点を当てたステージ3の取り組みが、ＭＰＴの分散投資に重ねて以前から用いられている。それ自体に反論するつもりはないが、ステージ3の重要な取り組みの大半は、ＭＰＴには不可能な方法で、投資の定義を単純に広げることだというのを特記したい。投資と現実世界ではつねにフィードバックの対話が行われているととらえれば、ステージ3のガバナンス活動によって、ＭＰＴが無視した警告の赤旗に気づくことができるだろう。それにより、システムの健全性と外部性に多大な影響を与えかねない投資にスポットライトが当たることになる。つまり、企業やセクターが「通常の」企業活動によってシステミックリスクを生み出しているのであれば、そうした投資を選別する必要があるということだ。警告フラグが立てば、コーポレートガバナンスのステージ3は、証券分析、取引、ポートフォリオの構築だけでなく、意図的なガバナンスツール一式として投資を再定義できる。ステージ3の投資家は、みずからフィードバックループを通して求める行動の変化に気づく。これは価格、ボラティリティ、相関以外のことを無視してきたMPTよりも、はるかに自己認識的で絶妙なダイナミクスだ。

2015年にMPTの限界に関して語り、ブログや論文や論説を書きはじめたときは、世界がわたしたちの足元でどれほど大きく変わっているか、そして、わたしたちが2020年の終わりに本書を書きあげるまでにどれほど急速に変わることになるかに気づいていなかった。急速な変化のなかでは、身のまわりで起きていることすべてを正しく理解することはできない。システミックリスクを重視することを受け入れはじめた投資家は増えている。さらに多くの人が、MPTはいま何が起きているのかを説明しないし、説明できないことを理解しはじめている。彼らはMPTの伝統には限界があることを認め、実践と理論を積極的に進化させようとしている。さらに多くがESGやインパクト投資を取り入れている。彼らはようやく環境・社会・金融システムと市場の相互作用を考えるようになり、赤ランプを灯したのだ。

「現代ポートフォリオ理論を超える」とは、投資とシステムの複雑な関係を認め、システマティックリスクもシステミックリスクも同じように低減しようとすることである。世界を変える投資は「ニューノーマル」になりつつあると、わたしたちは信じている。だが、それはMPTが分散とリスク調整リターンを重視していることを受け入れつつも、現存の資本市場との相対ではなく、投資家や経済全体のニーズに関連するものでなければならない。わたしたちは、ポートフォリオのパフォーマンスがベンチマークを上回っていれば、たとえ総リターンがマイナスであっても、または投資そのものが、ポートフォリオのリターンが消費される環境を破壊する負の外部性を持っていたとしても、ポートフォリオマネジャーに高い評価を与えるようなMPTの閉ざされた数学を超えていかなければならない。拡張型リスクや拡張型仲介と、さらにはステージ3のガバナンス活動を、日々の投資やトレードの決定に織り込む必要がある。これこそが本書の原題に込めた「投資は世界を変える *"Investing that matters"*」本来の姿でもある。

監訳者解説

フロンティア・マネジメント株式会社　代表取締役　松岡真宏

MPTが生み出したメガ機関投資家が、MPTの根幹を揺るがす

本書に関心を持ったきっかけは、2021年秋、旧知のビジネスパーソンのSNS投稿だった。私と同様、長年にわたって証券アナリストとして活動していた吉田憲一郎氏が、自身のSNSへの書き込みで「βアクティビズム」について熱く語っていた。

当時、「βアクティビズム」という言葉さえ知らなかった私は、早速ウェブ上でその語彙《ごい》を探したものの、日本語の文献は検出されなかった。英語で検索すると、本書の著者らのインタビュー動画が見つかった。どうやら、その内容の著書（つまり本書の原著）も出版されており、米コロンビア大学での講演も行われたことが分かった。

ウェブで注文した本書の原著が、手元に届くのには1週間以上を要した。一気に読了して確信した。これは、広く日本のビジネスパーソンに読まれるべきだ、と。そうしてこの日本語訳の刊行を思い至った。

本書の文章表現は難解だ。しかし、それは著者らが読者に対し、極めて正確に彼らの考えを伝えたいという想いの結果であり、彼らの獲得済みの知識が深遠で広範であることも難解さの要因

だろう。

著者らが指摘するように、我々が生活する実世界の時空と、金融業界が作り上げた形而上学的な時空には接点が乏しい。さらに、金融工学の発達が金融業界と実世界の時空との接点を喪失させた。

金融工学の発展の原動力こそが、現代ポートフォリオ理論（MPT）だった。MPTは金融業界と実世界の乖離に対して、解を持たない。MPTにおいて、実世界の動きは外生的な撹乱項目で、金融理論外の事象に過ぎない。著者らは、MPTの浸透が金融業界と実世界との時空乖離の真犯人だと強く非難している。

私を含めて金融に関係する人間は、基礎教養としてマーコウィッツのMPTを学ぶ。まるで小学生の九九のように。MPTでは、企業固有の動きを「α」、市場全体の動きを「β」と切り分ける。βは我々が作用を及ぼして影響を与えることができない対象とし、ひたすらαを追求してきたのがこれまでの金融業界だ。

MPTは今から70年前に発表された理論である。当時は、機関投資家という概念などなく、投資家のほとんどが個人という前提に立脚していた。しかし、現代はマーコウィッツが想定していなかった異次元の世界となった。MPTの流布を背景に、機関投資家が急激に台頭した。とりわけ、上位のメガ機関投資家に資金の圧倒的な集中が見られた。

伝統的なMPTではαが重視され、βは制御不能なパラメータとされてきた。しかし、兆円単位の資金を持ったメガ機関投資家は、もはやプライステイカーではなく、プライスメーカーであり、彼らの一挙手一投足がβに影響を与え始めた。

メガ機関投資家をはじめ、各投資家の投資行動はβに影響を与えることが可能となり、実世界と金融業界の接点が再構築される。だからこそ、投資家の行動がβに与える影響のプラス／マイナスが重要となり、それこそが我々にとってリスクやチャンスとなるのだ。

MPTは、実世界から疎外された金融業界を〝創造〟し、メガ機関投資家を生み出したが、メガ機関投資家によるβへの作用可能性を通じて、実世界と金融業界の接点が改めて構築された。長く金融業界に君臨してきたMPTという金字塔の根底が崩れた瞬間に我々は立っている。

ESGのGは先行事例が多く、EとSは今後も試行錯誤が続く

メガ機関投資家は、株式市場にとってプラスの作用を追求する。プラスの作用とは、持続的社会の志向であり、ESGの視点だ。本書では欧米のESGの系譜も紹介されている。

株式会社の歴史は、1602年設立のオランダ東インド会社にまで遡る。当時は、酷い企業統治が行われていた。東インド会社の役員報酬は透明性がなく、設立目的も曖昧で、適正な株主還元もされなかった。300年以上株主は軽視され、経営者優位の時代が続いた。

株主と経営者の戦いのゴングが鳴ったのは1980年代。株式の買い占めを行うグリーンメーラーの登場がきっかけだった。当時の米国では、グリーンメーラーと経営者は敵対的関係ではな

く、経済合理的な共生関係だった。ここが日本の常識とは決定的に異なる。グリーンメーラーは会社に高値で株式を買い取らせる。経営者は、会社の現金でグリーンメーラーの株式を買うことで、経営者として自分のポジションを確保し、高給を食む。

この共生に対し、機関投資家が異を唱え、米国の企業統治が加速度的に構築された。機関投資家評議会（CII）が創設され、「株主権利章典法」が公布された。

ESGの3つの視点は歴史や背景が異なる。今世紀に入って同期されただけだ。歴史的に米国ではGが重要で、EやSは限定的だった。米国では、経営者と機関投資家の諍《いさか》いは連日ワイドショーで大衆迎合的かつ刺激的に扱われた。劇場型経済のなかで機関投資家と経営者は激闘し、激闘を通じて米国企業の収益性は飛躍的に高まった。そして、世界中の投資マネーを惹きつけた。

翻って日本はどうだろうか。市民革命を経験せずに民主主義を獲得したと言われる日本は、その政治システムの脆弱性が指摘されている。同様に、日本の経済システムでは、米国で観察された苛烈なGの戦いはなく、機関投資家も経営者も未熟だ。収益性も米国や諸外国に劣後したままである。

実は、米国や欧州もESGのEとSには十分な歴史と経験がない。科学的見地が定まっていないものもあり、常に情報の更新が必要だし、EとSのゴール設定についても同様だ。

雑誌「ナショナルジオグラフィック」は2021年に268本の記事を掲載した。このうち、コロナ禍は30本、気候変動は56本であり、対立・紛争は80本、保護・保全は102本だ。後者の

2つの分野は日本人がどちらかというと意識しにくい視点でもある。民族間の対立、地域紛争、希少動物の保全、児童労働の禁止など、我々の普段の生活との接点があまりない。

しかし、外国を含めたサプライチェーン全体で見ればどうだろうか。パーム油、カカオ、コーヒー、希少鉱物など、少し考えるだけでも、いくつかの産業が頭に浮かぶ。

一部の日本企業では「人権監査（人権尊重の側面から行う監査）」を開始した。自社の調達網に人権侵害（強制労働や児童労働）を行う企業が紛れ込まないよう、取引先に対して行う監査だ。不備があれば、取引停止など厳しい措置もとられる。日本企業が迅速に取り組むべきはCO_2問題だけではない。人権問題、所得格差、森林破壊、ジェンダーの多様性など、すべてが取り組み対象となる。

2022年に行われた東証改革では、プライム市場の上場企業に対し、社会の持続性に対する取り組み姿勢が開示義務となった。これは当該市場に上場していない企業にとっても同様で、今後は、世界中の企業が、社会の持続性への取り組み姿勢によって、取引先を格付けする。高質な人材、グローバル人材も同様の視点で入社する企業を値踏みする。

人権問題への取り組みが不十分と判断された企業は、取引先から切られる。優秀な人材も入社しない。「ウチはプライム上場企業ではないから」という言い訳は虚しい。

欧州のスーパーでは、ブラジル産牛肉製品を店頭から撤廃した。ブラジルの食肉加工大手が森林破壊と関連していることが報じられたためだ。

電気自動車のバッテリーで使われているコバルトは、世界の産出量の3分の2がコンゴ共和国だが、その産出には劣悪な環境で多くの児童が使われている。電気自動車はCO_2問題の切り札とも言われているが、その心臓部には人権問題とリンクしたレアアースが使用されている。ESは複雑怪奇につながるのである。

２０２２年2月にロシアがウクライナに侵攻した。即座にロシア事業を閉鎖・売却した企業もあるが、一方で逡巡している企業もある。ESGのEとSは欧米企業も手探りで、ゴールは常に動く。そして絶対的な正解もない。ブラジル産牛肉やコバルトの問題は、環境専門の活動家や大学教授が声を上げ、社会問題化した。経済界は、これら環境系の専門家の声を従来以上に聞くことも必要となろう。

βアクティビズムの登場

ＥＳＧは、日本や大陸欧州の一部では、企業の社会的責任（ＣＳＲ）という文脈で理解されている。この文脈は「ＥＳＧの追求自体は、企業の収益や株式価値向上に直接的に資することはないのだが、社会の公器である企業の責任として行う行為」という論理だ。この論理構成では、ＥＳＧ追求と経済的価値の追求が二項対立となってしまう。

しかし、本書では、この二項対立を超克する論理が提示されている。それは、ＥＳＧを追求することや社会の持続性にとってプラスとなる行為が、βにポジティブに作用し、株式市場全体のパフォーマンスを向上させる、という考え方である。

このことは企業経営においても同様で、ＥＳＧ追求は、（多くの場合は優秀な企業による）収益追求という伝統的企業経営の「あとの」、追加的な社会的責任行為ではない。むしろ、収益を引き上げるために、ＥＳＧ追求を積極的に行う、という考え方だ。二項対立的な存在だったＥＳＧ追求と経済的価値の追求を、弁証法的に解決したような論理と言える。

著者らによると、既に過去において、株価パフォーマンスにとってαが与えたインパクトよりも、βによるインパクトがはるかに大きいようだ。社会の持続性に関わる問題が今後引き起こされれば、βの重要性はさらに増していくであろう。投資家は、従前に増してαよりもβの視点で投資先を見直すべきだと、本書では主張されている。

企業経営者の戦略や経営手法に変化を与えようとする動き、すなわち「アクティビズム」も変化する。従来のアクティビズムは個別企業を対象とし、当該企業の経営戦略に影響を与え、当該企業の株式価値の引き上げや自己株買い・増配を促すものだった。この意味で、従来のアクティビズムは「αアクティビズム」と言える。収益性の低い、換言すればＧの弱い企業がアクティビズムの対象として狙われた。

今後のアクティビズムの焦点は、社会全体や市場への影響であり、「β」だ。個別企業への視点も、Ｇによる収益性というよりも、ＥとＳを加えてＥＳＧの総合的視点で見て、βに対してシンパかアンチかという視点になる。

著者らは、この新しい動きを「βアクティビズム」と呼ぶ。今後の投資家は、個別企業の収益や株式価値という矮小な時空から脱出し、社会全体や市場という観点からβに作用を及ぼすべきだと、著者らは主張するのである。投資家だけではなく、政府、企業、個人、その他ステークホルダーが、すべからく「βアクティビズム」に沿った経済行為を行うべきであり、それによって社会善の追求が期待されるのだ。

　βを追求する投資を行う。この種の投資は社会善だ――。

「βアクティビズム」という概念が導き出す、このフレーズは、金融や投資を生業とする人間にとって、あまりに甘美だ。眩暈《めまい》がするほどの魅力で、阿片的ですらある。少し引いて客観的に見れば、社会主義的、あるいはエリート主義的な構造も内包されており、多少の危うさは感じられる。しかし、伝統的な企業経営や株式投資の考え方に大きな衝撃を与えるには、これぐらいのマグニチュードが必要なのかもしれない。

　金融や投資に携わる人間は、これまでは自己の仕事への何らかの後ろめたさ（躊躇、ためらい）があった。特に日本では、〝モノづくり〟が無思慮に尊敬され（これが、どれぐらいの実態のある語彙かはここでは問わない）、金融や投資は〝金儲け〟や〝虚業〟という誤解や誹《そし》りが薄く広く沈殿している。

　ところが、β追求の投資、つまり「βアクティビズム」は、投資自体が社会を正しい方向に向かわせる善なのだ。後ろめたさは剥落し、胸を張る仕事へと転化する。家族に、友人に、そして社会に対して。

著者らにも同様の高揚感が感じられる。米国ではポートフォリオマネージャーは尊敬の対象と聞いたことがあるが、それでも日本同様の誤解や誹りは米国にもあるだろう。「βアクティビズム」が持つβ追求の正統性はそれを解消する。米国CIIが公布した「株主権利章典法」という名称は、イギリスの名誉革命時に成文化された「権利章典」を下敷きにしている。ここにも、正統性への渇望が見て取れる。

日本におけるESGの広がりの背景にも、「βアクティビズム」が主張する正統性がある。金融や投資に携わる人間に対し、仕事の正統性を主張できる〝思想〟が付与されたのだ。彼らは欣喜雀躍し、ESGという新たな啓蒙〝思想〟の伝道師となる。ESGの達成目標は継続的に引き上がる。目標が固定されているSDGs（持続可能な開発目標）と異なり、ESGは目標達成の終わりがなく、伝道師による布教は終わらない。

実世界と金融業界を理念ではなく、理論でつなごうとした本書の試みは、意欲的なものである。本書で展開されている数々の主張には理論上の整合性もある。この意味で、私も含め、当たり前のようにMPTを使って仕事をしてきた（している）人間、例えば投資や金融関係、コンサルティング関係、事業会社の財務関係の人は、本書のエッセンスを常に意識すべきだろう。MPTを相対化し、自らが属する社会空間（金融業界）を実世界につなげようとする努力行為を怠らないようにすべきだ。

従来は金融業界と接点の多くなかった人、実世界側の時空にいた人も、本書の論理を理解し、金融業界との接点を模索する行為が必要だ。結局のところ、実世界、金融業界、両方の時空からの相互のフィードバックこそが、両方の時空における我々の幸福度を引き上げることにもなる。

本書は、以上の観点から、あらゆるビジネスパーソンにとって、実世界と金融業界をつなげた総合的時空を意識するための豊富な処方箋を提供することだろう。

128 https://amr-review.org/. (2020年7月3日参照)

129 Boston Consulting Group. "Global Assets Under Management 2020: Protect, Adapt, and Innovate," May 2020.

130 McKinsey & Co. "Global Trends In Asset Management," January 2020.

131 PwC. "Asset & Wealth Management Revolution: Embracing Exponential Change," 2017.

132 たとえば"Asset Management Market Study, Interim Report: Annex 7- Fund Charges Analysis," Financial Conduct Authority. (2016), "2019 Investment Company Factbook: A Review of Tends and Activities in the Investment Company Industry," Investment Company Institute. (2019) を参照されたい

133 前掲 (Davis et al., p. 71, 2006)。

134 Sacha Sadan. Presentation to PhD Finance class, Cambridge Judge Business School, University of Cambridge, February 25, 2020.

135 www.ceres.org

136 www.climateaction100.org

137 www.isgframework.org

138 www.icgn.org

139 www.cii.org

140 www.ccgg.ca

141 Elroy Dimson, Oguzhan Karakas, and Xi Li. "Coordinated Engagements," 24 December 2018. 以下のサイトよりダウンロード可能。 https://papers.ssrn.com/sol3/papers.cfm?abstract_id=3209072. (2020年3月3日参照)

142 Oscar Wilde. *Lady Windemere's Fan*, (1892; 1906 ed.) Boston, MA and London: John W. Luce & Company, Act 3, p. 57. [邦訳『ウィンダミア卿夫人の扇』厨川圭子訳、岩波文庫]

143 2020年8月29日の筆者へのEメールより。

144 James P. Hawley and Jon Lukomnik. "The Long and Short of It: Are We Asking the Right Questions. Modern Portfolio Theory and Time Frames," *Seattle University Law Review*, Vol. 41, Issue 2. (2018).

113 Financial Conduct Authority. Final Notice, Liberty Mutual Insurance Europe SE, October 29, 2018. www.fca.org.uk/publication/final-notices/liberty-mutual-insurance-europe-se-2018.pdf. (2020 年 6 月 30 日参照)

114 www.federatedinvestors.com/about/corporate-overview.do. (2020 年 7 月 4 日参照)

115 たとえば Chow et al. "Investors' Expectations on Responsible Artificial Intelligence and Data Governance," Hermes Investment Management, April 2019 を参照されたい。

116 前掲 "Artificial Intelligence Applications in Financial Services".

117 Public Engagement Report. (Q1 2020) pp. 6–9 および Public Engagement Report. (Q22019), pp. 17–21.

118 www.pbs.org/wgbh/frontline/article/tailings-dams-where-mining-waste-is-stored-forever. (2020 年 7 月 11 日参照)

119 以下のすべての尾鉱ダムが事故を起こしている。以下のサイトよりダウンロード可能。www.wise-uranium.org/mdaf.html. (2020 年 7 月 11 日参照)

120 Paula Laier. "Vale stock plunges after Brazil disaster; $19 billion in market value lost." Reuters, January 28, 2019. 以下のサイトよりダウンロード可能。www.reuters.com/article/us-vale-sa-disasterstocks/vale-stock-plunges-after-brazil-disaster-19-billion-in-market-value-lost-idUSKCN1PM1JP. (2020 年 7 月 12 日参照)

121 www.churchofengland.org/investor-mining-tailings-safety-initiative. (2020 年 7 月 10 日参照)

122 前掲 www.churchofengland.org/investor-mining-tailings-safety-initiative

123 Aiden Davy, Chief Operating Office, International Council of Mining and Metals, statement on Reuters webinar, "ESG Standards: The Best Way Forward," July 9, 2020.

124 前掲 www.churchofengland.org/investor-mining-tailings-safety-initiative.

125 筆者らは、この課題に気づかせてくれた故ピーター・モンタニョンに感謝する。

126 たとえばDavid Silk and Sebastian Niles. "Department of Labor Cautionary Tone on ESG-Related Activities," Harvard Law School Forum on Corporate Governance, May 2, 2018 を参照されたい。以下のサイトよりダウンロード可能。https://corpgov.law.harvard.edu/2018/05/02/department-of-labor-cautionary-tone-on-esg-related-activities/. (2020 年 6 月 20 日参照)

127 Vivian Hunt, Sara Prince, Sundiatu Dixon-Fyle, and Lareina Yee. "Delivering Through Diversity," McKinsey and Company, January 2018.

98 Anne Stych. "Women's representation on boards reaches a milestone," Bizwomen, September 12, 2019. 以下のサイトよりダウンロード可能。 www.bizjournals.com/bizwomen/news/latestnews/2019/09/womens-representation-on-boards-reaches-a.html?page=all. (2020 年 3 月 4 日参照)

99 Alisha Haridasani Gupta. "Why 2019 was a Breakthrough Year for Women in the Boardroom," *The New York Times,* March 3, 2020. 以下のサイトよりダウンロード可能。 www.nytimes.com/2020/03/03/us/women-company-boards-private.html. (2020 年 3 月 4 日参照)

100 Sophie Baker. "Managers continue working for balance," *Pensions & Investments,* May 18, 2020. 以下のサイトよりダウンロード可能。 www.pionline.com/special-report-gender-diversity/managers-continue-working-balance(2020 年 6 月 22 日参照)

101 Vivian Hunt, Sara Prince, Sundiatu Dixon-Fyle, and Lareina Yee. "Delivering Through Diversity", McKinsey & Company, January 2018.

102 *2019 Impact Report,* Domini Funds.

103 www.domini.com/investing-for-impact/forests(2020 年 7 月 4 日参照)

104 同上。

105 *Domini Impact Report,* Q1, 2020.

106 SEC の Form ADV https://adviserinfo.sec.gov/firm/summary/109505. (2020 年 7 月 4 日参照)

107 www.domini.com/insights/investors-support-california-act-to-protect-forests-introduced-today(2020 年 7 月 4 日参照)

108 Kashmir Hill. "Wrongfully Accused by an Algorithm," *The New York Times,* June 24, 2020. 以下のサイトよりダウンロード可能。 www.nytimes.com/2020/06/24/technology/facial-recognition-arrest.html. (2020 年 6 月 30 日参照)

109 Steve Lohr. "Facial Recognition Is Accurate, if You're a White Guy," *The New York Times,* February 9, 2018. 以下のサイトよりダウンロード可能。 www.nytimes.com/2018/02/09/technology/facial-recognition-race-artificial-intelligence.html. (2020 年 7 月 30 日参照)

110 前掲 (Hill)。

111 www.cnbc.com/2019/11/11/goldman-sachs-to-reevaluate-apple-card-credit-limits-after-bias-claim.html. (2020 年 6 月 30 日参照)

112 Artificial Intelligence Applications in Financial Services, 2019. www.oliverwyman.com/our-expertise/insights/2019/dec/artificial-intelligence-applications-in-financial-services.html. (2020 年 6 月 30 日参照)

82 Attracta Mooney and Billy Nauman. “Larry Fink rules on the best global standards for climate risk reporting,” *Financial Times,* January 20, 2020.

83 Charles Schmidt and Undark. “Coronavirus Researchers Tried To Warn Us,” The Atlantic, June 13, 2020. 以下のサイトよりダウンロード可能。 www.theatlantic.com/health/archive/2020/06/scientists-predicted-coronavirus-pandemic/613003. (2020 年 7 月 3 日参照)

84 https://amr-review.org/. (2020 年 7 月 3 日参照)

85 “Tackling Drug-Resistant Infections Globally: Final Report and Recommendations,” *The Review on Antimicrobial Resistance,* May 2016.

86 同上。

87 前掲。https://amr-review.org/

88 https://preventablesurprises.com/what-we-do. (2020 年 7 月 3 日参照)

89 www.nordea.com/en/about-nordea/who-we-are/our-organisation/#anchor4. (2020 年 6 月 30 日参照)

90 www.nordea.com/sv/hallbarhet/sustainable-finance/nyheter/2016/our-engagement-counts-in-india.html?&p=11(2020 年 7 月 3 日参照)

91 www.nordea.com/sv/hallbarhet/sustainable-finance/nyheter/2016/our-engagement-counts-in-india.html?&p=11. (2020 年 6 月 30 日参照)

92 www.europeanpharmaceuticalreview.com/article/115074/limiting-antibiotic-manufacturing-discharge-in-indian-wastewater. (2020 年 6 月 30 日参照)

93 Danielle Wiener-Bronner. “Why a defiant girl is staring down the Wall Street bull.” CNNMoney, March 7, 2017. 以下のサイトよりダウンロード可能。 https://money.cnn.com/2017/03/07/news/girl-statue-wall-street-bull. (2020 年 2 月 28 日参照)

94 SSGA から筆者への E メールより。

95 www.30percentcoalition.org/who-we-are. (2020 年 7 月 11 日参照)

96 Clare Payn. “Legal & General commitment to gender diversity,” August 28, 2018. 以下のサイトよりダウンロード可能。 www.legalandgeneral.com/investments/investment-content/legal-and-general-commitment-to-gender-diversity(2020 年 2 月 28 日参照)

97 Maggie Fitzgerald. “There is now a woman at every S&P 500 company,” CNBC, July 25, 2019. 以下のサイトよりダウンロード可能。 www.cnbc.com/2019/07/25/there-is-now-a-woman-board-member-at-every-sp-500-company.html. (2020 年 3 月 4 日参照)

69 www.ceres.org/news-center/press-releases/investor-organizations-and-financial-industry-firms-analysis-public. (2020 年 9 月 6 日参照)

70 2020 年 7 月 2 日のジョン・ルコムニク宛の E メールより。

71 第 3 章で指摘したように、2020 年現在、EU は「グリーンボンド」や他の「グリーン」商品の「グリーンウォッシュ」を最小限に抑えるための開示規制を進めており、政治的リスクファクターも加わっている。

72 Tjibbe Hoesktra. "Largest Dutch schemes positive on SDG bond," IPE Magazine, March 2020. 以下のサイトよりダウンロード可能。 www.ipe.com/news/largest-dutch-schemes-positive-on-sdg-bond/10044068.article#.Xl016j7pkUc.linkedin. (2020 年 3 月 3 日参照)

73 Dan Murphy. "'Social Bonds' are surging as conscious investment turns mainstream," CNBC, June 23, 2020. 以下のサイトよりダウンロード可能。www-cnbc-com.cdn.ampproject.org/c/s/www.cnbc.com/amp/2020/06/23/social-bonds-are-surging-as-conscious-investing-turns-mainstream.html. (2020 年 6 月 5 日参照)

74 Baker McKenzie. "Sustainability Finance: From Niche to the New Normal," 2020, p. 11.

75 BlackRock. 以下のサイトよりダウンロード可能。 www.blackrock.com/corporate/investor-relations/larryfink-ceo-letter. (2020 年 1 月 29 日参照)

76 Bank of England. 以下のサイトよりダウンロード可能。 www.bankofengland.co.uk/news/2019/april/open-letter-on-climate-related-financial-risks. (2020 年 2 月 28 日参照)

77 Mark Jones and John Revill. "Central banks can't save the World from Climate Change, BIS Says," Reuters, January 20, 2020. 以下のサイトよりダウンロード可能。 https://uk.reuters.com/article/uk-climatechange-cenbank-bis/central-banks-cant-save-the-world-from-climatechange-bis-says-idUKKBN1ZJ1CL. (2020 年 1 月 29 日参照)

78 Attracta Mooney. "Asset managers accused of climate change hypocrisy," *Financial Times,* September 26, 2016.

79 www.ceres.org/news-center/press-releases/blackrock-joins-climate-action-100-ensure-largest-corporate-emitters-act. (2020 年 2 月 28 日参照)

80 前掲 (BlackRock)。

81 "State of Integrated and Sustainability Reporting 2018," Sustainable Investments Institute and IRRC Institute. (2018). 気候変動に関する EU タクソノミー (EU のサステナブルファイナンス・アクションプランの一部) の承認により、EU 全域で標準化が行われ、世界的な影響力を持つことになる。このタクソノミーは、非常に詳細で、技術的で、透明性の高いものである。

55 Douglas Appell. "GPIF hopes to use size as a way to enhance beta," *Pensions & Investments,* November 27, 2017.

56 www.lgim.com/uk/en/capabilities/corporate-governance/stewardship-and-integration. (2020 年 2 月 28 日参照)

57 Comments of Sacha Sadan, LGIM Director of Corporate Governance, to PhD Finance class, Cambridge Judge Business School, University of Cambridge, February 25, 2020.

58 たとえば Christian May. "Why Legal and General is trying to slay the chair and CEO role," City AM, February 4, 2020 を参照されたい。以下のサイトよりダウンロード可能。 www.cityam.com/legal-general-has-an-appetite-for-change. (2020 年 3 月 2 日参照)

59 Stephen Davis and Jon Lukomnik. "Dreaming the Impossible Corporate Governance Dream," *Compliance Week,* July 8, 2008.

60 Ellen C. Quigley. "Universal Ownership Theory in the Anthropocene". (2019). 以下のサイトよりダウンロード可能。 https://papers.ssrn.com/sol3/papers.cfm?abstract_id=3457205. (2020 年 6 月 19 日参照)

61 Quigley. "Universal Ownership in the Age of Covid-19: social norms, feedback loops, and the double hermeneutic," May 2020. 以下のサイトよりダウンロード可能。 https://ssrn.com/abstract=3142202, pp. 18–19.

62 同上 (p. 16)。

63 James P. Hawley and Jon Lukomnik. "The Purpose of Asset Management," Pension Insurance Corporation. (2018), London.

64 同上。

65 "Allianz is driving change toward a low-carbon economy with an ambitious climate protection package", 以下のサイトよりダウンロード可能。 www.allianz.com/en/press/news/business/insurance/180504-allianz-announces-climate-protection-package.html. (2020 年 6 月 20 日参照)

66 Harry M. Markowitz. "Can You Do Well While Doing Good. (Part II)," *Investing for Catholics,* July 20, 2012, pp. 4–8.

67 インデックス提供業者は、浮動株調整を使用する傾向がある。"Russell Global Index Construction & Methodology" および "MSCI Global Investible Markets Indices Methodology."

68 理論的には、ネガティブスキューの証券をシステマティックに排除することで、ポートフォリオマネジャーのポートフォリオ最適化能力を低下させるケースがひとつある。排除された証券が残りの投資家のユニバースと相関がないため、理論的には、彼ら自身のパフォーマンスが悪くても、変動率が高くても、ポートフォリオ全体を助けることができる場合である。筆者らは、この可能性は低いと考えている。

New York Times. June 24, 1992. (2020 年 9 月 9 日参照)

36 BCCI も、当時の金融詐欺、スキャンダルのひとつである。

37 Report of the Committee on The Financial Aspects of Corporate Governance, The Committee on the Financial Aspects of Corporate Governance and Gee and Co. Ltd, December 1992.

38 同上。

39 Ira Millstein, Michael Albert, Sir Adrian Cadbury, Robert E. Denham, Dieter Feddersen, and Nobuo Tateisi. "Corporate Governance: Improving Competitiveness and Access to Capital in Global Markets," OECD, 1998.

40 OECD *Corporate Governance Handbook 2019*, p. 29.

41 同上。

42 Hermes Pension Management, *The Hermes Principles*, London, 2002.

43 同上。

44 前掲 (Anand)。

45 同上。

46 https://trilliuminvest.com/about を参照されたい (2020 年 10 月 18 日参照)。

47 バルディーズ号原油流出事故の概略については www.history.com/topics/1980s/exxon-valdez-oil-spill を参照のこと (2020 年 2 月 28 日参照)。

48 Stephen Davis, Jon Lukomnik, and David Pitt-Watson. *The New Capitalists*, Harvard Business School Press, 2006, p. 160. ［邦訳『新たなる資本主義の正体――ニューキャピタリストが社会を変える』鈴木泰雄訳、ランダムハウス講談社］

49 同上。

50 同上。

51 www.globalreporting.org/information/about-gri/gri-history/Pages/GRI's%20history.aspx を参照されたい (2020 年 2 月 28 日参照)。

52 www.unpri.org/pri/about-the-pri/322.article. (2020 年 6 月 17 日参照)

53 Sustainable Investments Institute. "Fact Sheet: Social and Environmental Shareholder Proposals at US Companies," January 2020. 以下のサイトよりダウンロード可能。 https://siinstitute.org/reports.html. (2020 年 2 月 28 日参照)

54 Martin Skancke. "The Government Pension Fund Global and the management of petroleum wealth," Norwegian Ministry of Finance, June 2010.

21 F. R. Bleakley. "Tough State Treasurer: Jesse Unruh; A Trustee Takes on the Greenmailers," *The New York Times*, February 10, 1985.

22 共著者のルコムニクは当時ニューヨーク市の監査官であったハリソン・J・ゴールディンのスタッフをしていた。ゴールディンはウンルーやニュージャージー州財務長官のローランド・マクホールドらとともに米国機関投資家評議会（CII）の創設時の共同議長を務めた。

23 www.cii.org. (2020 年 6 月 17 日参照)

24 David A. Vise. "Bill of Rights Seeks to Boost Power of Shareholders," *The Washington Post*, April 13, 1986.

25 同上。

26 John Holusha. "Company News; Pension Funds Irked at GM," The New York Times, December 18, 1986; William Glaberson, "Company News; Head of GM Sees End of Perot Controversy," *The New York Times*, January 29, 1987 を参照されたい。ゴールディンの引用は掲載されていないが、グラバーソンの記事のなかで言及されている。

27 Vineeta Anand. "The Names That Made Corporate Governance: Key Players Saw Shift From Faceoff To Cooperation," Pensions & Investments, February 23, 1998.

28 Jon Lukomnik. "Thoughts on the Origins and Development of the Modern Corporate Governance Movement and Shareholder Activism," Chapter 22, *The Handbook of Corporate Governance*, Richard LeBlanc, ed., John Wiley & Sons. (2016).

29 前掲 (Anand)。

30 James P. Hawley and Jon Lukomnik. "The third, systems stage of corporate governance: Why institutional investors need to move beyond modern portfolio theory" 以下のサイトよりダウンロード可能。https://papers.ssrn.com/sol3/papers.cfm?abstract_id=3127767. (2020 年 2 月 28 日参照)

31 S.L. Nesbitt. "The CalPERS Effect: A Corporate Governance Update," Wilshire Associates, 1995.

32 J. Van Heeckeren. "Managers' Journal; Why Investors Push for Strong Corporate Boards," Asian Wall Street Journal, June 30, 1997.

33 "Wilshire: 'CalPERS Effort' improves company stock performance," *Pensions & Investments,* October 10, 2013.

34 Ben Laurance and John Hooper, et al. "Maxwell's body found in sea", *The Guardian,* November 6, 1991. (2020 年 9 月 11 日参照)

35 Steven Prokesch. "Maxwell's Mirror Group Has $727.5 Million Loss," *The*

8 Adam Smith. *The Wealth of Nations.* Edinburgh: Brown and Nelson. (reprinted in1827), p. 311. ［邦訳『国富論——国の豊かさの本質と原因についての研究』（上下巻）山岡洋一訳、日本経済新聞出版］

9 Robert A.G. Monks and Nell Minow. *Corporate Governance.* Blackwell Publishing, 4th ed., 2007, p. 266. ［邦訳『コーポレート・ガバナンス』ビジネス・ブレイン太田昭和訳、生産性出版］

10 Drucker, Peter F. *Management: Tasks, Responsibilities, Practices.* New York, NY: HarperCollins, 1974, p. 628 ［邦訳『マネジメント——務め、責任、実践 1 ～ 4』有賀裕子訳、日経 BP］

11 Barry Barbash, Director, Division of Investment Management, SEC, speech before the ICI Securities Law Procedures Conference, December 4, 1997.

12 Luis A. Aguilar, SEC Commissioner. Speech to Georgia State University, J. Mack Robinson College of Business, April 19, 2013.

13 James P. Hawley. "Political Voice, Fiduciary Activism, and the Institutional Ownership of US Corporations: The Role of Public and Non-corporate Pension Funds," *Sociological Perspectives* Vol. 38, No. 3. (1995).

14 Charles McGrath. "80% of equity market cap held by institutions," *Pensions & Investments*, April 25, 2017.

15 資産の機関化がもたらすであろう変化に気づいた人はほとんどいなかったが、そのことに気づいたピーター・ドラッカーは、1976 年に *The Unseen Revolution: How Pension Fund Socialism Came To America* ［邦訳『[新訳］見えざる革命——年金が経済を支配する』上田惇生訳、ダイヤモンド社］を執筆している。

16 Michael Parrish. "Occidental Ends Lawsuits Over Cost of Buyout: Settlement: Oxy will pay $3.65 million to shareholders who objected to the price David Murdock got for his shares in 1984," *Los Angeles Times*, March 21, 1992.

17 J.P. Hicks. "Goodyear Buys Out Goldsmith," *The New York Times*, November 21, 1986.

18 "Quaker State Buys Back Shares from Steinberg," *United Press International,* March 30, 1984.

19 M.A. Ravindranath. "Saul P. Steinberg Dies at 73; Corporate Raider Amassed Multiple Fortunes," *The Washington Post,* December 11, 2012.

20 J.R. Macey, and F. McChesney. "A Theoretical Analysis of Corporate Greenmail," *Yale Law Journal*, Vol. 95, No. 1. (1985).

な基準や指標はないが、ガイドラインでは、GRI（グローバル・レポーティング・イニシアチブ）、CDP（旧カーボン・ディスクロージャー・プロジェクト）、CDSB（気候変動開示基準審議会）、SASB、IIRC（国際統合報告評議会）の開示フレームワークを参考にすべきと述べられている。

31 Cristiano Busco, Costanza Consolandi, Robert G. Eccles and Elena Sofra. "A preliminary Analysis of SASB Reporting: Disclosure Topics, Financial Relevance, and the Financial Intensity of ESG Materiality," *Journal of Applied Corporate Finance,* Vol. 32, issue 2, 2020. (https://papers.ssrn.com/sol3/papers.cfm?abstract_id=3548849) を参照されたい。

32 www.iisd.org/topic/sustainable-development. (2017 年 8 月 23 日参照)

33 Mary Ann Azevedo. "Untapped Opportunity: Minority Founders Still Being Overlooked." *Crunchbase News,* February 27, 2019. https://news.crunchbase.com/news/untapped-opportunity-minority-founders-still-being-overlooked より。(2020 年 8 月 15 日参照)

34 Clive Thompson. "When Robots Take all our Jobs Remember the Luddites", *Smithsonian Magazine*, January, 2017. www.smithsonianmag.com/innovation/when-robotstake-jobs-remember-luddites-180961423 より。(2020 年 8 月 15 日参照)

第 5 章

1 たとえば Paul Frentrop. "A History of Corporate Governance," Deminor, 2003. を参照されたい。

2 同上 (Frentrop)。

3 Gelderblom, Oscar, Abe de Jong, and Joost Jonker. "An Admiralty for Asia: Isaac Le Maire and Conflicting Conceptions About the Corporate Governance of the VOC". (July 6, 2010). ERIM Report Series Reference No. ERS-2010-026-F&A. 以下のサイトよりダウンロード可能。 https://ssrn.com/abstract=1633247.

4 Jonathan G.S. Koppell. "Origins of Shareholder Advocacy," Palgrave MacMillan, 2011, pp. 1–2

5 J.G. van Dillen, Geoffrey Poitras, and Asha Majithia. "Isaac LeMaire and the early trading in Dutch East India Company Shares," in *Pioneers of Financial Economics,* Vol. I, Edward Elgar Publishing. (2006), p. 58.

6 前掲 (Koppell, p. 2)。

7 Adolf Berle and Gardiner Means. *The Modern Corporation and Private Property.* Transaction Publishers, 1932. 前掲書を全般的に参照されたい。

23 Tom Kuh. "ESG After CCOVID-19: Will it be different this time?", April 2020, p. 2, 以下のサイトよりダウンロード可能。www.truvaluelabs.com/blog/esg-after-covid-19-will-it-be-different-this-time または www.ipe.com/viewpoint-esg-after-covid-19-will-it-be-different-this-time/10046023.article より異版もダウンロード可能。

24 Costanza Consolandi, Robert G. Eccles, and Giampaolo Gabbi. "Better Few but Belter: stock returns and the financial relevance and financial of materiality," April 2020. pp. 3–4. 以下のサイトよりダウンロード可能。https://papers.ssrn.com/sol3/papers.cfm?abstract_id=3574547.

25 同上 p. 22。その集中度を測る指標がジニ指数である。

26 European Commission. "Sustainable Finance"、https://ec.europa.eu/info/business-economy-euro/banking-and-finance/sustainable-finance_en より。

27 このタクソノミーには、さまざまな角度から大きな批判が寄せられている。オックスフォード大学ベン・カルデコットは、*Responsible Investor* の "'Encourages laziness and disincentives ambition': Ben Caldecott shares his thoughts on the EU's green taxonomy". (「『怠慢を奨励し、野心を失わせる』―EU のグリーンタクソノミーに対するベン・カルデコットの考察」) と題された記事において、これらの批判の一部を要約している。www.responsible-investor.com/articles/encourages-laziness-and-disincentives-ambition-ben-caldecott-shares-his-tho. また、Stan Duprè. The EU's Risky Green Taxonomy. (www.project-syndicate.org/commentary/european-union-green-taxonomy-three-questions-by-stan-dupre-2020-01?barrier=accesspaylog) も参照されたい。

28 非財務報告に関する非拘束的ガイドラインの更新に関する諮問文書。(nd) https://ec.europa.eu/info/sites/info/files/business_economy_euro/banking_and_finance/documents/2019-non-financial-reporting-guidelines-consultation-document_en.pdf より。筆者らは、この文書内で「非財務的」という用語が広く使われていることに気づいた。しかし、広く使われているということ以上に、非常に紛らわしく、誤った使われ方をしている。どのような次元であったとしても、もし何かが財務的にマテリアルであるなら、それはマテリアルであるに違いない。広義に、あるいは技術的に、価値の創造と評価に関連するものが、どうして「非財務的」でありながら「マテリアル」であり得るのだろうか。新興の E と S と G の課題に対するより良い用語は、「まだ財務的ではない」、つまり、まだ市場参加者および規制当局に広く受け入れられていない、何か新興のものという意味である。このプロセスは、前述のトゥルー・バリュー・ラボの動的なマテリアリティという考え方や、世界経済フォーラムの新興マテリアリティという用語でも捉えられている。

29 同上 (pp. 7–8)。

30 同上 (p. 7)。義務化されていない開示 (2020 年以前のタクソノミー) も具体的

12 Adolph Berle and Gardiner Means. *The Modern Corporation and Private Property.* (New York: 1932)［邦訳『現代株式会社と私有財産』森杲訳、北海道大学出版会］

13 前掲 (Friedman)。

14 Duncan Austin. "Pigou and the Dropped Stitch of Economics," February 2020. https://preventablesurprises.com/wp-content/uploads/2020/02/Pigou-and-The-Dropped-Stitch-of-Economics.pdf より。

15 *Contribution to the Critique of Hegel's Philosophy of Right,* 1843–44.［邦訳『ユダヤ人問題に寄せて／ヘーゲル法哲学批判序説』中山元訳、光文社］www.marxists.org/archive/marx/works/1844/df-jahrbucher/law-abs.htm より。

16 Robert G. Eccles and Tim Youmans. "Materiality in Corporate Governance: The Statement of Significant Audiences and Materiality." Harvard Business School Working Paper, No. 16–023, September 2015 を参照されたい。マテリアリティの「重要な聴衆」(ステークホルダー)について、また、企業の取締役会が株主だけでなく、これらのステークホルダーの声をどのように、そしてなぜ考慮すべきか、あるいは法的に考慮することができるのかについて議論している。また、Jean Rogers and George Serafeim. "Pathway to Materiality: How sustainability issues become financial material to corporations and their investors," Harvard Business School Working Paper 20–056, 2019 も併せて参照されたい。

17 Lisa Penaloza and Alladi Vankatesh. "Further evolving the new dominant logic of marketing: from services to the social construction of markets," *Marketing Theory* (August 2006, 6(3); and Karl Polanyi. *The Great Transformation.* (1944).［邦訳『大転換——市場社会の形成と崩壊』新訳版、野口建彦ほか訳、東洋経済新報社］

18 Truvalue Labs. "Dynamic Materiality: Measuring what matters". (2019). https://insights.truvaluelabs.com/white-paper/dynamic-materiality-download より。

19 前掲 (Serafeim and Rogers, p. 4)。

20 "Embracing the New Age of Materiality; Harnessing the pace of change in ESG," World Economic Forum. (in collaboration with Boston Consulting Group), March 2020, pp. 7–10.

21 前掲 (Truvalue Labs)。

22 "Corporate resilience and Response during COVID-19," Alex Cheema-Fox, Bridget R. LaPerla, George Serafeim, and Hui. (Stacie) Wang, June 23, 2020, p. 7. 以下のサイトよりダウンロード可能。https://papers.ssrn.com/sol3/papers.cfm?abstract_id=3578167 引用は 2020 年 4 月 17 日の先行原稿より。

ド戦略によるリターンよりも体系的に年1パーセント以上低いことを発見した。

15 ここでいう高頻度トレーダーとは、アノマリーを利用する高頻度トレーダーではなく、銘柄選別の分析を行う人間またはクオンツトレーダーであると考える。

16 前掲 (Haldane)。

17 Jim Hawley and Jon Lukomnik. “The Long and Short of It: Are We Asking the Right Questions?” *Seattle University Law Review,* Vol. 41, Issue 2, 2018.

第4章

1 Adam Smith. *The Theory of Moral Sentiments.* (1759, revised 1790)［邦訳『道徳感情論』水田洋訳、岩波文庫］www.econlib.org/library/Smith/smMS.html?chapter_num=2#bookreader. (1790 ed.) より。

2 同上第6段落。(np)

3 同上第2部第2節第3章。

4 同上第6部第1節 (第6部の結論)。

5 Ronald H. Coase. “The Problem of Social Costs,” *The Journal of Law and Economics.* (Vol. III, October 1960). 取引コストと、より一般的な規制の仮定に関するコースの定義については、pp. 10, 15–16 を参照のこと。Oliver E. Williamson, “The New Institutional Economics: Taking Stock, Looking Ahead,” *Journal of Economic Literature* (XXXVII), September 2000, p. 599.

6 同上 (Coase, p. 43)。

7 前掲 (Williamson, p. 595)。

8 Williamson, “Transaction cost economics and organizational theory,” *Industry and Corporate Change,* 1993, p. 89. 参照は www.researchgate.net/profile/Oliver_Williamson3/publication/31462357_Transaction_Cost_Economics_and_Organization_Theory/links/5655fd8c08ae1ef92979be1e.pdf より。

9 Williamson. ‘Transaction cost economics’, chapter 3, p. 44. (https://studfile.net/preview/5714480/page:5) および Williamson、前掲 . (2000) p. 602. “Transaction cost economics: an introduction”. (2007), p.3(www.econstor.eu/bitstream/10419/17926/1/dp2007-3.pdf) も参照されたい。

10 同上 (2007, p. 5)。

11 Milton Friedman. “The social responsibility of the business is to increase profits,” September 13, 1970。http://umich.edu/~thecore/doc/Friedman.pdf より。

(2020年2月12日参照)

3 R. McKell Carter, Justin R. Meyer, and Scott A. Huettel. "Functional Neuroimaging of Intertemporal Choice Models: A Review". *Journal of Neuroscience, Psychology and Economics*; 2010, Vol. 3, No. 1, pp. 27–45.

4 Jones, Owen D. Keynote address: Brain Science Perspectives on Investor Behavior and Decision-Making Errors. (June 1, 2017). *Seattle University Law Review,* Vol. 41, pp. 349–366, 2018; Vanderbilt Law Research Paper No. 18–22. Jones, Owen D. Keynote Address: Brain Science Perspectives on Investor Behavior and Decision-Making Errors. (June 1, 2017). *Seattle University Law Review,* Vol. 41, pp. 349–366, 2018, Vanderbilt Law Research Paper No. 18–22. 以下のSSRNサイトよりダウンロード可能。https://ssrn.com/abstract=3168062

5 同上。

6 Andrew G. Haldane and Richard Davies. "The Short Long," Speech before the 29th Société Universitaire Européenne de Recherches Financières Colloquium, New Paradigm in Money and Finance? May 2011.

7 Haldane, 同上。

8 Danyelle Guyat and Jon Lukomnik. "Does Portfolio Turnover Exceed Expectations?", *Rotman International Journal of Pension Management,* Vol. 3, No. 2, Fall 2010.

9 同上。

10 www.cfainstitute.org/en/advocacy/issues/short-termism. (2020年1月24日参照)

11 https://data.worldbank.org/indicator/CM.MKT.TRNR. (2020年1月3日参照)

12 Martijn Cremers, Ankur Pareet, and Andreas Sautner, *Stock Duration and Misvaluation*, Working Paper, University of Amsterdam (2013).

13 たとえばK. Cremers, J. Martijn, and Ankur Pareek. "Patient Capital Outperformance: The Investment Skill of High Active Share Managers Who Trade Infrequently. (December 1, 2015)," *Journal of Financial Economics* を参照されたい。以下のSSRNサイトよりダウンロード可能。https://ssrn.com/abstract=2498743 or http://dx.doi.org/10.2139/ssrn.2498743

14 市場のタイミングを計ろうとする投資家は、悪い結果に終わる傾向がある。たとえばIlia D.Dichev, "What are Stock Investors' Actual Historical Returns? Evidence from Dollar-Weighted Returns." 2. (December 2004)を参照されたい。以下のサイトよりダウンロード可能。https://ssrn.com/abstract=544142(2020年2月12日参照)。ディーチェフは、ドル加重リターンがバイ・アンド・ホール

35 Tara Bhandari, Peter Iliev, and Jonathan Kalodimos. "Governance Changes through Shareholder Initiatives: The Case of Proxy Access.". (February 18, 2019). Fourth Annual Conference on Financial Market Regulation. 以下のSSRN サイトよりダウンロード可能。https://ssrn.com/abstract=2635695 or http://dx.doi.org/10.2139/ssrn.2635695. (2019 年 12 月 24 日参照)

36 前掲 (Comptroller Stringer press release of November 6, 2014)。

37 前掲 (Bhandari et al.)。

38 Boardroom Accountability Project. 以下のサイトよりダウンロード可能。https://comptroller.nyc.gov/services/financial-matters/boardroom-accountability-project/overview. (2019 年 12 月 24 日参照)

39 同上。

40 Boardroom Accountability Project 2015 Company Focus List. 以下のサイトよりダウンロード可能。https://comptroller.nyc.gov/wp-content/uploads/2014/11/Board-Room-Accountability-2015-Company-List.pdf (2019 年 12 月 27 日参照)

41 アメリカの上場株式時価総額は、当時約 25 兆ドルであった。国内上場企業の時価総額（現在の米ドル）、国際取引所連合（WFE）のデータより。以下のサイトよりダウンロード可能。 https://data.worldbank.org/indicator/CM.MKT.LCAP.CD. (2017 年 12 月 27 日参照)

42 Tim Doyle. "Politics Over Performance, The Politicization of the New York City Retirement Systems," American Council for Capital Formation, January 2018. 以下のサイトよりダウンロード可能。 https://accfcorpgov.org/wp-content/uploads/2018/01/ACCF_New-York-City-Pension-Funds_FINAL.pdf. (2019 年 12 月 27 日参照)

43 筆者らは、「ベータウォッシング」が理論上の問題であることに同意している。つまり、投資家は、財務的なインパクトが限定的な課題を選択し、より良いベータを構築するための努力として装うことができるのである。しかし、わたしたちは、ベータウォッシュされた政治キャンペーンが広く採用されるのを防ぐための市場メカニズムが存在すると考えている。より一般的なリスクはまったく別なところに存在している。伝統的な MPT の熱狂的な支持者が、証券の売買以外を正当な投資活動とみなさないため、投資家や社会に重大な利益をもたらす可能性のある活動を抑制してしまうからである。

第 3 章

1 www.cfainstitute.org/en/advocacy/issues/short-termism. (2020 年 1 月 24 日参照)

2 www.blackrock.com/corporate/investor-relations/larry-fink-ceo-letter.

24 Ola Mahmoud and Julia Meyer, "Sustainability in the Time of Uncertainty," May 2020. https://papers.ssrn.com/sol3/papers.cfm?abstract_id=3597700 より。

25 George Serafeim and Aaron Yoon, "Does the Market React to Corporate ESG News?". (筆者に提供された見本より)

26 Costanza Consolandi, Robert G. Eccles, and Giampaolo Gabbi. "Better Fewer, But Better: Stock Returns and the Financial Relevance and Financial Intensity of Materiality," May 2020. https://papers.ssrn.com/sol3/papers.cfm?abstract_id=3574547 より。

27 Ola Mahmoud and Julia Meyer. "Sustainability in the time of uncertainty," May, 2020. (https://papers.ssrn.com/sol3/papers.cfm?abstract_id=3597700) および Alex Cheema-Fox, Bridget R. LaPerla, George Serafeim, and Hui. (Stacie) Wang. "Corporate Resilience and Response during COVID-19," Harvard Working Paper Series No. 20–108 を参照されたい。

28 前掲 (Friede et al.)。

29 Campbell R. Harvey and Yan Liu. *A Census of the Factor Zoo.* (February 25, 2019). 以下の SSRN サイトよりダウンロード可能。https://ssrn.com/abstract=3341728 or http://dx.doi.org/10.2139/ssrn.3341728.

30 John West and Alex Pickard, "Plausible Performance: Have Smart Beta Return Claims Jumped the Shark?", *Research Affiliates,* December 2019. 以下のサイトよりダウンロード可能。www.researchaffiliates.com/en_us/publications/articles/767-plausible-performance.html?evar36=eml_plausible-performance-hero-title&_cldee=amx1a29tbmlrQHNpbmNsYWlyY2FwaXRhbC5jb20%3d&recipientid=contact-2880b5f8c7cbe2119aa7005056bc-3cff-42a2b5dbe4e24286ab95ff52b9ed24a9&esid=b3728812-e715-ea11-80e4-f24e75708764. (2019 年 12 月 19 日参照)

31 Julie Segal. "New SSGA Ron O'Hanley Says Asset Allocation Is the New Active," *Institutional Investor,* April 22, 2015.

32 Amar Bhidé. *A Call for Judgment: Sensible Finance for a Dynamic Economy.* Oxford University Press. (2010), p. 116.

33 たとえば前掲 (Malinak and Berman, p. 6, Figure 2.)。

34 "Comptroller Stringer, NYC Pension Funds Launch National Campaign To Give Shareowners. A True Voice In How Corporate Boards Are Elected," Press release, November 6, 2014. https://comptroller.nyc.gov/newsroom/comptroller-stringer-nyc-pension-funds-launch-national-campaign-to-give-shareowners-a-true-voice-in-how-corporate-boards-are-elected より参照可能。(2019 年 12 月 24 日参照)

13 https://ycharts.com/indicators/sp_500_total_return_annual. (2020 年 2 月 10 日参照)

14 www.investopedia.com/articles/financial-theory/08/deeper-look-at-alpha.asp. (2019 年 11 月 22 日参照)

15 たとえば Keith Ambachtsheer, "Alpha, Beta, Barrlegab: Investment theory of marketing strategy," in *Ambaschtsheer Letter*, April 2006 を参照されたい。

16 Nicholas Rabener. "Warren Buffet: The Greatest Factor Investor of All Time." 以下のサイトよりダウンロード可能。 https://blogs.cfainstitute.org/investor/2019/04/15/warren-buffett-the-greatest-factor-investor-of-all-time/. (2020 年 2 月 16 日参照)

17 Thummin Cho. "Turning Alphas Into Betas: Arbitrage and Endogenous Risk," London School of Economics, October 2019.

18 同上。筆者らは、第 1 章で述べた情報の効率性をめぐる問題とこの学術研究との関連性にも注目している。

19 たとえば www.msci.com/www/blog-posts/can-esg-add-alpha-/0182820893. (2019 年 11 月 22 日 参 照) や Stephen Malinak and Shirley Birman. "Performance Tests of Truvalue Labs ESG as a 6th Factor", 2020, www.truvaluelabs.com/wp-content/uploads/2017/11/WP_PerfTest_SP500.pdf. を 参 照 されたい。

20 Gunnar Friede, Timo Busch, and Alexander Bassen. "ESG and Financial Performance: Aggregated Evidence from More than 2000 Empirical Studies". (October 22, 2015). *Journal of Sustainable Finance & Investment,* Vol. 5, Issue 4, pp. 210–233, 2015, DOI: 10.1080/20430795.2015.1118917. 以下の SSRN サイトよりダウンロード可能。https://ssrn.com/abstract=2699610.

21 Witold Henisz, Tim Koller, and Robin Nuttall. "Five ways that ESG creates value," McKinsey Quarterly, November 2019. 以下のサイトよりダウンロード可能。www.mckinsey.com/business-functions/strategy-and-corporate-finance/our-insights/five-ways-that-esg-creates-value?cid=soc-web&fbclid=IwAR3onKpp8NgbyctliHjvZHNs7HcqFUhaKamqMamTYZYE8eE4aC10BbRgm_U. (2019 年 11 月 22 日参照)

22 Witold J. Heinisz and James McGlinch, "ESG, Material Credit Events, and Credit Risk," *Journal of Applied Corporate Finance,* Vol. 31, Issue 2. Spring 2019, pp. 105–117.

23 Mozaffar N. Khan, George Serafeim, and Aaron Yoon. "Corporate Sustainability: First Evidence on Materiality." Harvard Business School Working Paper, No. 15–073, March 2015. "The Financial and Societal Benefits of ESG Integration: focus on materiality," Calvert Investments, June 2016、および "The Role of the Corporation in Society: implications for investors," Calvert Investments, September 2015.

Trust_Barometer_Financial_Services_Report_1.pdf.（2020年2月10日参照）

3 James Hawley and Jon Lukomnik. "The Purpose of Asset Management," Pension Insurance Corporation, (London: March. 2018), p. 12.

4 Niall Ferguson. *The Ascent of Money.* (Penguin Press, 2008), p. 65［邦訳『マネーの進化史』仙名紀訳、早川書房］において言及されているヴィクター・ロスチャイルドのこと。

5 たとえば、ドイツ、フランス、アメリカ、イギリスの年間GDPの約2.5倍から4倍を金融仲介が占めている。Guillaume Bazot, "The Purpose of Finance: Has efficiency improved in the European finance industry?", Pension Insurance Corporate, October 2018.

6 Abraham H. Maslow. *The Psychology of Science: A Reconnaissance,* HarperCollins. (1966)［邦訳『可能性の心理学』早坂泰次郎訳、川島書店］

7 Stephen Davis, Jon Lukomnik, and David Pitt-Watson. *What They Do With Your Money: How the Financial System Fails Us and How to Fix It,* Yale University Press, 2016, pp. 47–48［邦訳『金融システム批判・序説――脅かされる市民投資家の年金とオーナーシップの復活』奥野一成・杉山修司・花岡博訳、きんざい］

8 MPTで構築されたポートフォリオが現実世界の企業の行動と乖離していることが指摘され、現代のコーポレートガバナンス運動が生まれた。しかし、コーポレートガバナンスという規律は、MPTにもとづく投資の上に追加されたものである。実際、初期の最も活発なコーポレートガバナンスの提唱者たちの動機はMPTにもとづく投資を行うことであった。アメリカのニューヨーク市の年金基金やカリフォルニア州公務員退職年金基金、イギリスのBT年金基金などは、インデックスや資産配分といったMPTの構成によって、保有している株式の企業の経営に納得していなくても売却することができないことを理由に、自分たちのガバナンス活動を正当化した。事実上、MPTにもとづく効率的市場理論が影響力を持つ投資への固執は、彼らの「出口」の選択肢を制限し、懸念を軽減するための「声」の選択肢を残すのみであったのである。Jon Lukomnik, "Why We Bother: A Primer in How Activism Enhances Returns", 2 Fordham J. Corp. & Fin. L. 5. (1997)を参照されたい。以下のサイトよりダウンロード可能。 https://ir.lawnet.fordham.edu/jcfl/vol2/iss1/1

9 Gary P. Brinson, Randolf Hood, and Gilbert Beerbower. "Determinants of Portfolio Performance," *Financial Analysts Journal*, Vol. 42, No. 4, July/August 1986, pp. 39–44.

10 Roger G. Ibbotson. "The Importance of Asset Allocation," *Financial Analysts Journal,* Vol. 86, No. 2, 2010, pp. 18–20.

11 同上。

12 S&P500などのベンチマークは、「市場」の代用として使用される。

58 Wurgler, J. 2010. "On the economic consequences of index-linked investing," NBER Working Paper No. 16376. Issued September 2010.

59 Stijn Claessens and Yishay Yafeh. "Additional to market indices and the comovement of stock returns around the world," IMF Working Paper, March 2011, p. 3 や Hirofumi Suzuki. "Comovement and index fund trading effect: evidence from the Japanese stock market," *Economics Bulletin,* AccessEcon, Vol. 35. (2), pp. 949–958 を参照されたい。これらの研究の根底にある考え方は、指標化需要の重要性である。

60 同上 p. 8.

61 これは、システムの健全性や、より大きな市場・社会・環境領域におけるさまざまなトレンドに対する一部の人々の懸念がないことを意味すると理解されるべきではない。たとえば、1.4 兆ドルという巨大な日本政府の年金基金のトップは、パッシブ投資が市場の効率性に与える影響の拡大、大きさ、インパクトについて懸念を表明している。同ファンドの水野弘道代表は、インデックス投資が転換期を迎えた場合、(不完全な価格発見のために) 市場のシグナルが効率的でなくなることが実質的な成長に悪影響を与えることを懸念し、「われわれは長期的かつ普遍的なオーナーであるので、市場の効率性が継続することを確認する必要がある」と主張した。このため、同ファンドはパッシブ投資と比較してアクティブ運用を増やしている。(James Mackintosh, "Streetwise", *The Wall Street Journal.* August 18, 2017, B1).

62 Rodney N. Sullivan and James X. Xiong. "How Index Trading Increases Market Vulnerability," *Financial Analysts Journal,* Vol. 68, No. 2, 2012. pp. 7–84.

63 Martijn Cremers, Ankur Pareek, and Zacharias Sautner. "Short-term institutions, analysts recommendation and mispricing,". (2017). https://papers.ssrn.com/sol3/papers.cfm?abstract_id=2190437&rec=1&srcabs=2285470&alg=1&pos=8 より。Appel, Ian; Cormley, Todd; and Keim, Donald. "Passive Investors, Not Passive Owners"、https://papers.ssrn.com/sol3/Papers.cfm?abstract_id=2475150 より。

64 James P. Hawley and Andrew T. Williams. *The Rise of Fiduciary Capitalism.* (University of Pennsylvania Press, 2000) を参照されたい。ユニバーサルオーナーシップのさまざまな側面については、学者や実務家による非常に多くの文献が存在している。

第 2 章

1 www.goodreads.com/quotes/23616-if-you-don-t-know-where-you-are-going-you-ll-end (2019 年 8 月 9 日参照)

2 www.edelman.com/sites/g/files/aatuss191/files/2019-04/2019_Edelman_

43 Patricia Cohen. "We all have a stake in the stock market, right? Guess again", *The New York Times,* February 18, 2018、www.nytimes.com/2018/02/08/business/economy/stocks-economy.html より。Edward N. Wolf, "Household wealth trends in the United States, 1962 to 2016: Has middle class wealth recovered?", working paper 24085, National Bureau of Economic Research, Washington, DC, November 2017 にもとづいている。

44 Nick Routley. "Visualizing the Trillion-Fold Increase in Computing Power," *The Visual Capitalist,* November 4, 2017、www.visualcapitalist.com/visualizingtrillion-fold-increase-computing-power より。

45 同上。

46 製品の仕様は Seagate Backup Plus 5TB USB 3.0/USB 2.0 外付け HDD を基準としている。

47 たとえば http://rick.bookstaber.com/2007/09/myth-of-noncorrelation.html を参照されたい (2020 年 5 月 13 日参照)。

48 同上。

49 同上。

50 Warren Buffet. Chairman's Letter, *Berkshire-Hathaway 2002 annual report.*

51 前掲。

52 Frank Knight. Risk. *Uncertainty and Profit.* (Boston, 1921) [邦訳『危険・不確実性および利潤』奥隅栄喜訳、文雅堂書店]、Nassim Taleb. *The Black Swan.* (New York, 2007) [邦訳『ブラック・スワン――不確実性とリスクの本質』望月衛訳、ダイヤモンド社]、前掲 (Lo, pp. 51–56)。

53 前掲 (Lynn A. Stout, p. 20) では、やや異なる論旨にもとづいて同様の指摘がなされている。

54 William Watts. "S&P 500 tumbles from record finish to correction in just 6 trading days as stock-market rout accelerates," MarketWatch, February 28, 2020. 以下のサイトよりダウンロード可能。www.marketwatch.com/story/dow-sp-500-enter-correction-territory-as-stock-market-selloff-rolls-on-for-6th-straight-day-2020-02-27. (2020 年 5 月 25 日参照)

55 Robert E. Litan. "In Defense of Most, But Not All, Financial Innovation", p. 18 以下のサイトよりダウンロード可能。www.brookings.edu/wp-content/uploads/2016/06/0217_financial_innovation_litan.pdf (2019 年 11 月 9 日参照)

56 同上 p. 17.

57 60th ed. of *Investment Company Fact Book,* Investment Company Institute, 2020.

や、Jennifer Bender, Remy Briand, Dimitris Melas, Raman Aylur Subramanian, "Foundations of Factor Investing," January 1, 2015. (https://papers.ssrn.com/sol3/papers.cfm?abstract_id=2543990) を参照されたい。

32 Daniel Kahneman and Amos Tversky. "Prospect theory: An analysis of decision under risk," *Econometrica.* (47:2), March 1979, pp. 263–92 を参照されたい。

33 Ronald J. Gilson and Reinier Kraakman. "The mechanism of market efficiency," *Virginia Law Review,* 70:4, 1984, pp. 549–644.

34 Lynn A. Stout. "The Mechanisms of Market Inefficiency: An introduction to the new finance," *The Journal of Corporation Law*, 28. (Summer 2003), pp. 635–669 や前掲 (Lo, pp. 213–14) を参照されたい。この論文のなかでリンは、他の多くの人と同じように、新古典派の経済学者と MPT のイノベーターは「物理学への羨望」を持っていたが、生物学への羨望を抱くべきだったと主張し、後者は複雑でインタラクティブなシステムに関心があり、前者は (ニュートン的であり、ニュートン的形式でしかない) 非複雑なシステムであったからだとしている。

35 前掲。

36 同上 p. 180.

37 Chamberlain, Gary and Michael Rothschild. (1983). "Arbitrage, Factor Structure, and Mean-Variance Analysis on Large Asset Markets," *Econometrica,* 51. (5); Chen, Nai-Fu, Richard Roll and Stephen A. Ross. 1986. Economic Forces and the Stock Market, *Journal of Business*, 59. (3): 383–403、Ross, Stephen. (1976). The arbitrage theory of capital asset pricing, *Journal of Economic Theory*, 13. (3): 341–360 などを参照されたい。

38 たとえば Svea Herbst-Bayliss and Lawrence Delevingne. "Hedge fund traders from a legendary desk at Goldman Sachs have lost billions of dollars," Reuters, March 27, 2017 などを参照されたい。

39 Luis A. Aguilar. Commissioner, Securities and Exchange Commission, Speech to Georgia State University, J. Mack Robinson College of Business, April 19, 2013. www.sec.gov/news/speech/2013-spch041913laahtm.

40 Charles McGrath. "80% of equity market cap held by institutions," *Pensions & Investments,* April 25, 2017, www.pionline.com/article/20170425/INTERACTIVE/170429926/80-of-equity-market-cap-held-by-institutions より。このような機関投資家によるオーナーシップは、最大規模のアセットオーナーと資産運用機関に大きく集中している。

41 Al De La Cruz, A. Medina, and Y. Tang. "Owners of the World's Listed Companies," OECD Capital Market Series, Paris. (2019).

42 同上 p. 24.

17 Peter Earl. *The Legacy of Herbert Simon in Economic Analysis.* (2001: Elgar) および Hugh Schwartz, “Herbert Simon and Behavioral Economics”, *The Journal of Socio-Economics.* (Vol. 31:2, 2002), pp. 181–89 を参照されたい。

18 Burton Malkiel. *A Random Walk Down Wall Street.* (Kindle, 12th ed.) [邦訳『ウォール街のランダム・ウォーカー』井手正介訳、日本経済新聞出版]、たとえば、効率的市場仮説と市場合理性についての議論は、pp. 178–81 を参照されたい。

19 Thomas J. Sargent. “Rational Expectations.” www.econlib.org/library/Enc/RationalExpectations.html より。

20 前掲。

21 Justin Fox. *The Myth of the Rational Market.* (New York, 2009), pp. 7–8.[邦訳『合理的市場という神話――リスク、報酬、幻想をめぐるウォール街の歴史』遠藤真美訳、東洋経済新報社]

22 この格言は、ジョン・メイナード・ケインズや A・ゲーリー・シリングなど、さまざまな人物に用いられている。https://quoteinvestigator.com/2011/08/09/remain-solvent. (2020 年 5 月 9 日参照)

23 Narasimhan Jegadeesh and Sheridan Titman. “Returns to Buying Winners and Selling Losers: Implications for Stock Market Efficiency,” *The Journal of Finance*, Vol. 48, No. 1. (March 1993).

24 www.investopedia.com/terms/c/capm.asp. (2020 年 9 月 11 日参照)

25 André F. Perold. “The Capital Asset Pricing Model,” *Journal of Economics Perspectives,* Vol 18, No. 3 (Summer 2004), p. 13. リスクとは、ポートフォリオの一部である場合のリスクの増加分であり、ポートフォリオのなかの 1 銘柄の「単独」のリスクではないと、定義されている。

26 前掲。

27 www.investopedia.com/terms/c/capm.asp. (2020 年 9 月 11 日参照)

28 前掲 (Bernstein, pp. 105; 166)。マーコウィッツは CAPM を「美しいもの」と評価したが、理論モデルを現実世界に適用する際には、彼自身の仮定と同様に注意が必要であると指摘した。同上 pp. 107; 167.

29 同上 p. 168.

30 Harvey, Campbell R. and Liu, *Yan. A Census of the Factor Zoo.* (February 25, 2019). 以下の SSRN サイトよりダウンロード可能。https://ssrn.com/abstract=3341728 or http://dx.doi.org/10.2139/ssrn.3341728.

31 ファクターの爆発については John H. Cochrane. “Discount Rates,” NBER working paper 16972, April 2011. (https://www.nber.org/papers/w16972)

マティックリスクが存在する。しかし、当初βは、S&P500 などのベンチマークによって決定される投資先市場のボラティリティに関連する単一ファクターのモデルであった。

9 Harry M. Markowitz. "Foundations of Portfolio Theory", Nobel Lecture, December 7, 1990, in *The Founders of Modern Finance: Their Prize-winning Concepts and 1990 Nobel Lectures*, The Research Foundation of the Institute of Chartered Finance Analysts. (1991), p. 35.

10 Donald MacKenzie. *An Engine not a Camera: How Financial Markets Shape Markets.* (MIT Press, 2006).

11 経済理論に対する同様の行為遂行的なアプローチを、ダニエル・ブレスラウが "Economics invests the economy: Mathematics, statistics and models in the work of Irving Fisher and Wesley Mitchell", *Theory and Society,* June 2003, Vol. 32, Issue 3, pp. 279–411. のなかで一般的にとっている。

12 Andrew W. Lo. *Adaptive Markets: Financial Evolution at the Speed of Thought.* (Princeton University Press: 2017), pp. 209–14, [邦訳『適応的市場仮説――危機の時代の金融常識』望月衛・千葉敏生訳、東洋経済新報社] とくに数学における「物理学への羨望」はポール・サミュエルソンから最も大きな影響を受けている。

13 精神理論については Lo、前掲 pp. 108–110 を参照されたい。

14 Justin Fox. *The Myth of the Rational Market.* (New York: 2009) pp. 3–25. [邦訳『合理的市場という神話――リスク、報酬、幻想をめぐるウォール街の歴史』遠藤真美訳、東洋経済新報社] では、20 世紀を代表する経済学者たちの考え方の歴史をたどることができる。(Hyman Minsky, *Stabilizing the Unstable Economy.* (1986, New York) [邦訳『金融不安定性の経済学 : 歴史・理論・政策』吉野紀・浅田統一郎・内田和男訳、多賀出版]。 前掲 (Lo, pp. 19–20) も併せて参照されたい。

15 Milton Friedman. "The methodology of positive economics," in *Essays in Positive Economics* [邦訳『実証的経済学の方法と展開』佐藤隆三・長谷川啓之訳、富士書房、絶版]. (University of Chicago, 1966, pp. 3–16; 30–46), http://kimoon.co.kr/gmi/reading/friedman-1966.pdf. より。 後年、マーコウィッツ本人がこれらの仮定が明らかに間違っていたことに言及した。Peter L. Bernstein, Capital Ideas Evolving. (New York: 2007) p. 105 [邦訳『アルファを求める男たち――金融理論を投資戦略に進化させた 17 人の物語』山口勝業訳、東洋経済新報社] を参照されたい。

16 合理的期待理論とは、サイモンの束縛合理性の概念と対極にあるものである。ここでは触れないが、各個人が合理的に行動するという仮定を本質的に一般化し、変化させ、さまざまな主体の合理的期待を考慮した市場の収束があると主張するものである。たとえばStephen M. Sheffrin, *Rational Expectations.* (2nd ed., Cambridge, 1996) [邦訳『合理的期待論』宮川重義訳、昭和堂] を参照されたい。

原註

第1章

1 Burton Malkiel. *A Random Walk Down Wall Street*. (Ipad 12th edition, pp. 32–33)［邦訳『ウォール街のランダム・ウォーカー』井手正介訳、日本経済新聞出版］

2 Harry Markowitz. "Portfolio Selection", *Journal of Finance*, Vol. 7, No. 1. (Mar. 1952), p. 77［邦訳『ポートフォリオ選択論』山一証券投資信託委託株式会社訳、鈴木雪夫監訳、東洋経済新報社］

3 www.idioms.online/put-all-your-eggs-in-one-basket. (2020 年 9 月 4 日参照)

4 Michael Useem and David Hess. *Governance and Investments of Public Pensions,* Chapter 7 in "Pensions in the public sector," Olivia S. Mitchell and Edwin C. Hustead, eds, Pension Research Council, The Wharton School, University of Pennsylvania Press. (2001), p. 136.

5 *General Investment Policies for the New York State Common Retirement Fund* (August 1, 2017). www.osc.state.ny.us/pension/generalpolicies.pdf より (2019 年 11 月 2 日参照)。

6 MPT によって構築されたポートフォリオが現実世界の企業の行動から切り離されたことで、現代のコーポレートガバナンス運動が生まれた。しかし、第 5 章で述べるように、コーポレートガバナンスのステージ 3 が登場するまでは、あくまで MPT にもとづく投資の上にコーポレートガバナンスという規律が付加されていたのである。事実、コーポレートガバナンスを最も積極的に提唱している多くの人々の動機は、MPT にもとづく投資を行うことであった。アメリカのニューヨーク市の年金基金やカリフォルニア州公務員退職年金基金、イギリスの BT 年金基金などは、インデックスや資産配分といった MPT の構成によって、保有している株式の企業の経営に納得していなくても売却することができないことを理由に、自分たちのガバナンス活動を正当化した。事実上、MPT にもとづく効率的市場理論が影響力を持つ投資への固執は、彼らの「出口」の選択肢を制限し、懸念を軽減するための「声」の選択肢を残すのみであったのである。

7 David Pitt-Watson and Hari Mann. "The Purpose of Finance Why Finance Matters: Building an industry that serves its customers and society," 2017, Pensions Insurance Corporation. (London) および James Hawley and Jon Lukomnik, "The Purpose of Asset Management," March 2018, Pension Insurance Corporation. (London).

8 後述するように、現在、β または " スマートベータ " を構成する無数のシステ

Williamson, Oliver E. (2000) "The New Institutional Economics: Taking Stock, Looking Ahead," *Journal of Economic Literature*, 38(3): 595–613.

Williamson, Oliver E. (2007) "Transaction cost economics: an introduction," Economics Discussion Papers, No. 2007–2003, Kiel Institute for the World Economy (IfW), Kiel. Available at: www.econstor.eu/bitstream/10419/17926/1/dp2007-3.pdf.

Williamson, Oliver E. (2008) "Transaction cost economics," in Ménardé, Claude & Shirley, Mary M. *Handbook of New Institutional Economics* (Springer). Available at: https://studfile.net/preview/5714480/page:5.

West, J. and Pickard, A. (2019) "Plausible Performance: Have Smart Beta Return Claims Jumped the Shark?", Research Affiliates. Available at: www.researchaffiliates.com/en_us/publications/articles/767-plausible-performance.html?evar36=eml_plausible-performance-hero-title&_cldee=amx1a29tbml-rQHNpbmNsYWlyY2FwaXRhbC5jb20%3d&recipientid=contact-2880b5f8c-7cbe2119aa7005056bc3cff-42a2b5dbe4e24286ab95ff52b9ed24a9&esid=b3728-812-e715-ea11-80e4-f24e75708764.

Wiener-Bronner, D. (2017) "Why a defiant girl is staring down the Wall Street bull, "CNN Money.

Wilde, Oscar. (1892) *Lady Windemere's Fan*. ［邦訳『ウィンダミア卿夫人の扇』厨川圭子訳、岩波文庫］

World Economic Forum (in collaboration with Boston Consulting Group). (2020) "Embracing the New Age of Materiality; Harnessing the pace of change in ESG." March.

Wurgler, J. (2010) "On the economic consequences of index-linked investing," NBER Working Paper No.16376. Available at: https://www.nber.org/papers/w16376.

Sullivan, Rodney N. & Xiong, James X. (2012) "How Index Trading Increases Market Vulnerability," *Financial Analysts Journal*, 68(2): 70–84.

Suzuki, Hirofumi. (2015) "Comovement and index fund trading effect: evidence from the Japanese stock market," *Economics Bulletin, AccessEcon*, 35(2), 949–958.

Taleb, Nassim. (2007) *The Black Swan*. New York, NY: Random House. [邦訳『ブラック・スワン――不確実性とリスクの本質』望月衛訳、ダイヤモンド社]

Thompson, Clive. (2017) "When Robots Take All of Our Jobs, Remember the Luddites," *Smithsonian Magazine* (January). Available at: www.smithsonianmag.com/innovation/when-robots-take-jobs-remember-luddites-180961423.

Truvalue Labs. (2019) "Dynamic Materiality: Measuring what matters." Available at: https://insights.truvaluelabs.com/white-paper/dynamic-materiality-download.

United Press International. (1984) "Quaker State Buys Back Shares from Steinberg," *United Press International*.

Useem, Michael & Hess, David. (2001) "Governance and Investment of Public Pensions," chapter 7 in Mitchell, Olivia S. & Hustead, Edwin (eds), *Pensions in the Public Sector*. Philadelphia, PA: University of Pennsylvania Press.

van Dillen, J.G.; Poitras, G.; & Majithia, A. (2006), "Isaac LeMaire and the early trading in Dutch East India Company Shares," *Pioneers of Financial Economics*, Volume 1. London: Edward Elgar Publishing.

Van Heeckeren, J. (1997) "Managers' Journal; Why Investors Push for Strong Corporate Boards," *Asian Wall Street Journal*.

Vise, D.A. (1985) "Bill of Rights Seeks to Boost Power of Shareholders," *The Washington Post*.

William, Watts. (2020) "S&P 500 tumbles from record finish to correction in just 6 trading days as stock-market rout accelerates," *MarketWatch*, (February 28). Available at: www.marketwatch.com/story/dow-sp-500-enter-correction-territory-as-stock-market-selloff-rolls-on-for-6th-straight-day-2020-02-27.

Williamson, Oliver E. (1993) "Transaction cost economics and organizational theory,", *Industry and corporate change*, (2)2: 107–156. Available at: www.researchgate.net/profile/Oliver_Williamson3/publication/31462357_Transaction_Cost_Economics_and_Organization_Theory/links/5655fd8c08ae1ef92979be1e.pdf.

of Economic Theory, 13(3): 341–360.

Routley, Nick. (2017) “Visualizing the Trillion-Fold Increase in Computing Power”, *The Visual Capitalist* (November 4). Available at: www.visualcapitalist.com/visualizingtrillion-fold-increase-computing-power.

Sabri, R. (2019) “Fearless Girl: Voting Your Voice for Gender Equality Makes a Difference,” Triple Pundit Blog. Available at: www.triplepundit.com/story/2019/fearlessgirl-voting-your-voice-gender-equity-makes-difference/84861.

Sargent, Thomas J. (n.d.) “*Rational Expectations*.” Available at: www.econlib.org/library/Enc/RationalExpectations.html.

Schwartz, Hugh. (2002) “Herbert Simon and Behavioral Economics,” *The Journal of Socio-Economics*, 31(2).

Schmidt, C. & Undark (2020) “Coronavirus Researchers TriedTo Warn Us,” *The Atlantic*.

Segal, J. (2015) “New SSGA Ron O’Hanley Says Asset Allocation Is the New Active,” *Institutional Investor*.

Serafeim, G. & Yoon, A. (2020) “Does the Market React to Corporate ESG News,” Working Paper (advance copy provided to authors).

Sheffrin, Stephen M. (1996) *Rational Expectations*. (2nd ed., Cambridge Survey of Economic Literature). Cambridge: Cambridge University Press. ス［邦訳『合理的期待論』宮川重義訳、昭和堂］

Silk D. & Niles, S, (2018) “Department of Labor Cautionary Tone on ESG-Related Activities,” Blog, Harvard Law School Forum on Corporate Governance. Available at: https://corpgov.law.harvard.edu/2018/05/02/department-of-labor-cautionary-tone-on-esgrelated-activities.

Skancke, M. (2010) *The Government Pension Fund Global and the Management of Petroleum Wealth*. Oslo: Norwegian Ministry of Finance.

Smith, Adam. (1790) *The Theory of Moral Sentiments* (1759, revised 1790). Available at: www.econlib.org/library/Smith/smMS.html?chapter_num=2#-book-reader. ［邦訳『道徳感情論』水田洋訳、岩波文庫］

Stringer, S. (2014) “NYC Pension Funds Launch National Campaign To Give Shareowners A True Voice In How Corporate Boards Are Elected,” New York City Comptroller Office Press Release.

Stych, A. (2019) “Women’s representation on boards reaches a milestone,” *Biz-women*.

Available at: www.legalandgeneral.com/investments/investment-content/legal-and-general-commitment-to-gender-diversity.

Penaloza, Lisa & Vankatesh, Alladi. (2006) "Further evolving the new dominant logic of marketing: from services to the social construction of markets," *Marketing Theory*, 6(3).

Perold, André F. (2004). "The Capital Asset Pricing Model," *Journal of Economics, Perspectives*, 18(3).

Pitt-Watson, David & Mann, Hari. (2017) *The Purpose of Finance*. London: The Pension Insurance Corporation.

Polanyi, Karl. (1944) *The Great Transformation*. Boston, MA: Beacon Press. [邦訳『「新訳」大転換——市場社会の形成と崩壊』野口建彦、栖原学訳、東洋経済新報社]

Prokesch, S. (1992) "Maxwell's Mirror Group Has $727.5 Million Loss," *The New York Times*.

Quigley, E. (2019) "Universal Ownership Theory in the Anthropocene' Working Paper." Available at: https://papers.ssrn.com/sol3/papers.cfm?abstract_id=3457205.

Quigley, E. (2020) "Universal Ownership in the Age of Covid-19: social norms, feedback loops, and the double hermeneutic." Available at: https://ssrn.com/a bstract=3142202, pp. 18–19.

Rabener, N. (2019). "Warren Buffet: The Greatest Factor Investor of All Time ?", Enterprising Investor – CFA Blog. Available at: https://blogs.cfainstitute.org/investor/2019/04/15/warren-buffett-the-greatest-factor-investor-of-all-time.

Raman, J. & Lam, R. (2019) "Artificial Intelligence Applications in Financial Services," Oliver Wyman Blog. Available at: www.oliverwyman.com/our-expertise/insights/2019/dec/artificial-intelligence-applications-in-financial-services.html.

Ravindranath, M.A. (2012) "Saul P. Steinberg Dies at 73; Corporate Raider Amassed Multiple Fortunes," *The Washington Post*.

Rees, V. (2020), "Limiting antibiotic manufacturing discharge in Indian wastewater," *European Pharmaceutical Review*.

Rogers, Jean & Serafeim, George. (2019) "Pathway to Materiality: How sustainability issues become financial material to corporations and their investors," Harvard Business School Working Paper 20–056.

Ross, Stephen. (1976) "The Arbitrage Theory of Capital Asset Pricing," *Journal*

Maslow, Abraham H. (1966) *The Psychology of Science: A Reconnaissance.* New York, NY: HarperCollins.

McGrath, Charles. (2017) "80% of equity market cap held by institutions," *Pensions & Investments*, April 25. Available at: www.pionline.com/article/20170425/INTERACTIVE/170429926/80-of-equity-market-cap-held-by-institutions.

Milhench, C. (2020a) "Public Engagement Report, Q1." London: Federated Hermes EOS.

Milhench, C. (2020b) "Public Engagement Report, Q2." London: Federated Hermes EOS.

Millstein I.; Albert M.; Cadbury A.; Denham R.L., Feddersen, D.; & Tatesi N. (1998) *Corporate Governance: Improving Competitiveness and Access to Capital in Global Markets.* Paris: OECD.

Minsky, Hyman. (1986) *Stabilizing the Unstable Economy.* New York, NY: McGraw-Hill.

Mooney, A. (2016) "Asset managers accused of climate change hypocrisy," *Financial Times.*

Mooney A. & Nauman, B. (2020) "Larry Fink rules on the best global standards for climate risk reporting," *Financial Times.*

Murphy, D. (2020) "Social Bonds' are surging as conscious investment turns mainstream," CNBC.

Nesbitt, S.L. (1985) "The CalPERS Governance Effect: A Corporate Governance Update," Wilshire Associates Report.

New York State Common Retirement Fund. (2017). "General Investment Policies." Available at: www.osc.state.ny.us/pension/generalpolicies.pdf.

OECD. (2019) *Corporate Governance Handbook.* Paris: OECD.

O'Neill, J. (2016) "Tackling Drug-Resistant Infections Globally: Final Report and Recommendations." Review on Anti-microbial Resistance, Wellcome Trust, HM Government, London.

Parrish, Michael. (1992) "Occidental Ends Lawsuits Over Cost of Buyout: Settlement: Oxy will pay $3.65 million to shareholders who objected to the price David Murdock got for his shares in 1984," *Los Angeles Times.*

Payn, C. (2019) "Legal and General Investments promotes the benefits of diversity with companies we work with," Legal and General Investments Blog.

Lo, Andrew W. (2017) *Adaptive Markets: Financial evolution at the speed of thought*. Princeton, NJ: Princeton University Press.［邦訳『Adaptive Markets 適応的市場仮説：危機の時代の金融常識』望月衛、千葉敏生訳、東洋経済新報社］

Lohr, S. (2018) "Facial Recognition Is Accurate, If You're a White Guy," *The New York Times*.

Lukomnik, J. (1997) "Why We Bother: A Primer in How Activism Enhances Returns," *Fordham Journal of Corporate and Financial Law*, 2(1): 1–18.

Lukomnik, J. (2016) "Thoughts on the Origins and Development of the Modern Corporate Governance Movement and Shareholder Activism," in: *The Handbook of Corporate Governance*. Hoboken, NJ: John Wiley & Sons.

J.R. Macey & McChesney F. (1985) "A Theoretical Analysis of Corporate Greenmail," *Yale Law Journal*, 95(1): 13–65.

MacKenzie, Donald. (2006) *An Engine not a Camera: How Financial Markets Shape Markets*. Cambridge, MA: MIT Press.

May, C. (2020) "Why Legal and General is trying to slay the chair and CEO role,"*City AM*.

Malinak S. & Birman S. (2020) "Performance Tests of Truvalue Labs ESG as a 6th Factor," TruValue Labs Blog.

Malkiel, Burton. *A Random Walk Down Wall Street*. (12th ed.). London: W. W. Norton & Co.［邦訳『ウォール街のランダム・ウォーカー――株式投資の不滅の真理』井手正介訳、日本経済新聞出版］

Mahmoud, O. & Meyer, J. (2020) "Sustainability in the Time of Uncertainty," Working Paper. Available at: https://papers.ssrn.com/sol3/papers.cfm?abstract_id=3597700.

Markowitz, Harry M. (1952) "Portfolio Selection," *Journal of Finance*, 7(1).

Markowitz, Harry M. (1991) "Foundations of Portfolio Theory," Nobel Lecture, December 7, 1990, in: *The Founders of Modern Finance: Their Prize-winning Concepts and 1990 Nobel Lectures*. The Research Foundation of the Institute of Chartered Finance Analysts.

Markowitz, H.M. (2012) "Can You Do Well While Doing Good (Part II)," Investing for Catholics, Irvine; Index Funds Advisors; and Investing for Catholics.

Marx, Karl. (1843–44) *Contribution to the Critique of Hegel's Philosophy of Right*. Available at: www.marxists.org/archive/marx/works/1844/df-jahrbucher/law-abs.htm.

Hunt, V.; Prince, S.; Dixon-Fyle, S.; & Yee, L. (2018) "Delivering Through Diversity," McKinsey & Company.

Ibbotson, R.G. (2010) "The Importance of Asset Allocation," *Financial Analysts Journal*, 86(2): 18–20.

Investment Company Institute. (2020) *Fact Book* (60th ed.). Available at: www.icifactbook.org.

IRRC Institute and Sustainable Investments Institute. (2018) *State of Sustainability and Integrated Reporting 2018*, New York, NY.

Jegadeesh, Narasimhan & Titman, Sheridan. (1993) "Returns to Buying Winners and Selling Losers: Implications for Stock Market Efficiency," *The Journal of Finance*, 48(1).

Jones, M. & Reville, J. (2020) "Central banks can't save the world from climate change, BIS says," Reuters.

Jones, O.D. (2018) "Keynote address: Brain Science Perspectives on Investor Behavior and Decision-Making Errors," *Seattle University Law Review*, (41): 349–366.

Kahnerman, Daniel & Tversky, Amos. (1979) "Prospect theory: An analysis of decision under risk," *Econometrica*, 47(2): 263–292.

Khan, M.N., Serafeim, G. & Yoon, A. (2015) "Corporate Sustainability: First Evidence on Materiality," Harvard Business School Working Paper, 15–073.

Koppell, J.G.S. (2011) *Origins of Shareholder Advocacy*. New York, NY: Palgrave MacMillan.

Knight, Frank. (1921) Risk, *Uncertainty and Profit*. Boston, MA: Pantianos Classics.［邦訳『リスク、不確実性、利潤』桂木隆夫、佐藤方宣、太子堂正称訳、筑摩書房］

Kuh, Tom. (2020) "ESG After CCOVID-19: Will it be different this time?" (April). Available at: www.truvaluelabs.com/blog/esg-after-covid-19-will-it-be-different-this-time.

Laurance B. & Hooper, J (1991) "Maxwell's Body Found in Sea," *The Guardian*.

Leswing, K. (2019) "Goldman Sachs will reevaluate Apple card credit limits after bias allegations," CNBC.

Litan, Robert E. (2017) "In Defense of Most, But Not All, Financial Innovation," The Brookings Institute. Available at: www.brookings.edu/wp-content/uploads/2016/06/0217_financial_innovation_litan.pdf.

Ownership of US Corporations: The Role of Public and Non-corporate Pension Funds," *Sociological Perspectives*, 38(3): 415–435.

Hawley, J.P. & Lukomnik, J. (2018) "The third, systems stage of corporate governance: Why institutional investors need to move beyond modern portfolio theory", Working Paper, https://papers.ssrn.com/sol3/papers.cfm?abstract_id=3127767.

Hawley J.P. & Lukomnik, J. (2018) *The Purpose of Asset Management*. London: Pension Insurance Corporation.

Hawley, J P. & Lukomnik, J. (2018) "The Long and Short of It: Are We Asking the Right Questions?", *Seattle University Law Review*, 41(2): 449–474.

Hawley, J.P. & Williams, A.T. (2000) *The Rise of Fiduciary Capitalism*. Philadelphia, PA: University of Pennsylvania Press.

Henisz, W.J.; Koller T.; & Nuttall, R. (2019) "Five ways that ESG creates value' McKinsey Quarterly." www.mckinsey.com/business-functions/strategy-and-corporate-finance/ourinsights/five-ways-that-esg-creates-value?cid=soc-web&fbclid=IwAR3onKpp8NgbyctliHjvZHNs7HcqFUhaKamqMamTYZYE8eE4aC10BbRgm_U.

Heinisz, W.J. & McGlinch, J. (2019) "ESG, Material Credit Events, and Credit Risk," *Journal of Applied Corporate Finance*, 31(2): 105–117.

Herbst-Bayliss, Svea & Delevingne, Lawrence. (2017) "Hedge fund traders from a legendary desk at Goldman Sachs have lost billions of dollars," Reuters, March 27.

Hereida, L.; Bartletta, S.; Carrubba, J.; Frankle, D.; Kurihara, K.; Mace, B.; Palmisani, E.; Pardasani, N.; Schulte, T.; Sheridan, B.; & Xu, Q. (2020) "Global Asset Management 2020: Protect, Adapt and Innovate,' Report, Boston Consulting Group.

Hermes Pension Management. (2002) *The Hermes Principles*. London: Hermes Pension Management.

Hicks, J.P. (1986) "Goodyear Buys Out Goldsmith," *The New York Times*.

Hill, K. (2020) "Wrongfully Accused by an Algorithm," *The New York Times*.

Hoesktra, T. (2020) "Largest Dutch schemes positive on SDG bond," *IPE Magazine*.

Holusha, J. (1986) "Company News; Pension Funds Irked at GM," T*he New York Times*.

Fitzgerald, M. (2019) "There is now a woman at every S&P 500 company," CNBC.

Fox, A.C.; LaPerlaB.R.; Serafeim, G.; & Wang, H. (2020) "Corporate Resilience and Response during COVID-19," Harvard Working Paper Series, No. 20–108.

Fox, Justin. (2009) *The Myth of the Rational Market*. New York, NY: Harper Business. [邦訳『合理的市場という神話――リスク、報酬、幻想をめぐるウォール街の歴史』遠藤真美訳、東洋経済新報社]

Frentrop, P., (2003) *A History of Corporate Governance*. Amsterdam: Deminor.

Friede, G.; Busch, T.; & Bassen, A. (2015) "ESG and Financial Performance: Aggregated Evidence from More than 2000 Empirical Studies," *Journal of Sustainable Finance & Investment*, 5(4): 210–233.

Friedman, Milton. (1966) "The methodology of positive economics," in *Essays in Positive Economics*. Chicago, IL: University of Chicago. Available at: http://kimoon.co.kr/gmi/reading/friedman-1966.pdf.

Friedman, Milton. (1970) "The social responsibility of the business is to increase profits." Available at: http://umich.edu/~thecore/doc/Friedman.pdf.

Gavett, G. (2012), "Tailings Dams: Where Mining Waste Is Stored Forever," PBS Frontline.

Gilson, Ronald J. & Kraakman, Reinier. (1984) "The mechanism of market efficiency," *Virginia Law Review*, 70(4): 549–644.

Glaberson, W. (1987) "Company News; Head of GM Sees End of Perot Controversy," *The New York Times*.

Gupta, A.H. (2020) "Why 2019 was a Breakthrough Year for Women in the Boardroom," *The New York Times*.

Guyat, D. & Lukomnik, J. (2010) "Does Portfolio Turnover Exceed Expectations?", *Rotman International Journal of Pension Management*, 3(2): 40–45.

Haldane, A.G. & Davies, R. (2011) "The Short Long," Speech before the 29th Société Universitaire Européenne de Recherches Financières Colloquium, "New Paradigm in Money and Finance?".

Harvey, Campbell R. & Liu, Yan. (2019) "A Census of the Factor Zoo". Available at: https://ssrn.com/abstract=3341728 and http://dx.doi.org/10.2139/ssrn.3341728.

Hawley, J.P. (1995) "Political Voice, Fiduciary Activism, and the Institutional

Drucker, P.F. (1974) *Management: Tasks, Responsibilities, Practices*. New York: HarperCollins. ［邦訳『マネジメント――務め、責任、実践（1 ～ 4）』有賀裕子訳、日経 BP］

Drucker, P.F. (1976) *The Unseen Revolution: How Pension Fund Socialism Came to America*. New York, NY: Harper & Rowe. ［邦訳『[新訳] 見えざる革命――年金が経済を支配する』上田惇生訳、ダイヤモンド社］

Dupré, Stan. (2020) "The EU's Risky Green Taxonomy," *Project Syndicate* (January). Available at: www.project-syndicate.org/commentary/european-union-green-taxonomy-three-questions-by-stan-dupre-2020-01?barrier=accesspaylog.

Earl, Peter. (2001) *The Legacy of Herbert Simon in Economic Analysis*. Northampton, MA: Edward Elgar Publishing.

Eccles, Robert G. & Tim Youmans. (2015) "Materiality in Corporate Governance: The Statement of Significant Audiences and Materiality." Harvard Business School Working Paper, No. 16–023, September.

Edelman. (2019) "Edelman Trust Barometer" Available at: www.edelman.com/sites/g/files/aatuss191/files/201904/2019_Edelman_Trust_Barometer_Financial_Services_Report_1.pdf.

European Commission (2019). "Consultation document on the Update of the Non-Binding Guidelines on Non-Financial Reporting." Available at: https://ec.europa.eu/info/sites/info/files/business_economy_euro/banking_and_finance/documents/2019-non-financial-reporting-guidelines-consultation-document_en.pdf.

European Commission. (n.d.) "Sustainable Finance." Available at: https://ec.europa.eu/info/business-economy-euro/banking-and-finance/sustainable-finance_en.

Ferguson, N. (2008) *The Ascent of Money*. London: Penguin Press. ［邦訳『マネーの進化史』仙名紀訳、早川書房］

Financial Conduct Authority. (2016) "Asset Management Market Study, Interim report: Annex 7: Fund Charges Analysis." London: Financial Conduct Authority.

Financial Conduct Authority. (2018) "Liberty Mutual Insurance Europe SE," Final Notice. Available at: www.fca.org.uk/publication/final-notices/liberty-mutual-insurance-europe-se-2018.pdf.

Fink, L. (2020) "Dear CEO Letter," Blackrock Webpost. Available at: www.blackrock.com/corporate/investor-relations/larry-fink-ceo-letter.

Cremers, M.; Pareet, A.; & Sautner, A. (2013) "Stock Duration and Misvaluation," Working Paper, University of Amsterdam.

Cremers, M. & Pareek, A. (2015) "Patient Capital Outperformance: The Investment Skill of High Active Share Managers Who Trade Infrequently," *Journal of Financial Economics*, (Forthcoming).

Cremers, Martijin; Pareek, Ankur; & Sautner, Zacharias. (2017) "Short-term institutions, analysts recommendation and mispricing." Available at: https://papers.ssrn.com/sol3/papers.cfm?abstract_id=2190437&rec=1&srcabs=2285470&alg=1&pos=8.

Davis, S. & Lukomnik, J. (2008) "Dreaming the Impossible Corporate Governance Dream," *Compliance Week*. [邦訳『新たなる資本主義の正体――ニューキャピタリストが社会を変える』鈴木泰雄訳、ランダムハウス講談社]

Davis, S.; Lukomnik, J.; & Pitt-Watson, D. (2006) *The New Capitalists*. Boston, MA: Harvard Business School Press. [邦訳『金融システム批判・序説――脅かされる市民投資家の年金とオーナーシップの復活』奥野一成、杉山修司、花岡博訳、きんざい]

Davis, S.; Lukomnik, J.; & Pitt-Watson, D. (2016) *What They Do With Your Money: How the Financial System Fails Us and How to Fix It*. New Haven, NJ: Yale University Press.

De La Cruz, A.; Medina, A.; and Tang Y. (2019) *Owners of the World's Listed Companies*." Paris: OECD Capital Market Series.

Dichev, I.D. (2004) "What are Stock Investors' Actual Historical Returns? Evidence from Dollar-Weighted Returns," Working Paper.

Dimson, E.; Karakas, O.; & Li, X. (2018) 'Coordinated Engagements,' Working Paper. Available at: https://papers.ssrn.com/sol3/papers.cfm?abstract_id=3209072.

Domini Funds. (2019) Impact Report. New York, NY.

Domini Funds, (2020a) "The Domini Forest Project' Blog." Available at www.domini.com/investing-for-impact/forests.

Domini Funds. (2020b) 'Investors Support California Act to Protect Forests Introduced Today,' *Blog*. Available at: www.domini.com/insights/investors-support-california-actto-protect-forests-introduced-today.

Doyle, T. (2018) "Politics Over Performance, The Politicization of the New York City Retirement System," Washington, DC: American Council for Capital Formation.

Carter, R.M.; Meyer, J.M. & Huettel, S.A. (2010) "Functional Neuroimaging of Intertemporal Choice Models: A Review," *Journal of Neuroscience, Psychology and Economics*, 3(1): 27–45.

Chamberlain, Gary & Rothschild, Michael. (1983) "Arbitrage, Factor Structure, and Mean-Variance Analysis on Large Asset Markets," *Econometrica*, 5 (5): 1281–1314.

Cheema-Fox, Alex; LaPerla, Bridget R; Serafeim, George; & Wang, Hui (Stacie). (2020) "Corporate resilience and Response during COVID-19," June. Available at: https://papers.ssrn.com/sol3/papers.cfm?abstract_id=3578167.

Chen, Nai-Fu; Roll, Richard; & Ross, Stephen A. (1986) "Economic Forces and the Stock Market," *Journal of Business*, 59(3): 383–403.

Cho, T. (2019) "Turning Alphas Into Betas: Arbitrage and Endogenous Risk," *Journal of Financial Economics*. (Forthcoming).

Chow, C.; Frame, K.; Likhtman, S.; Spooner, N.; & Wong, J. (2019) "Investors' Expectations on Responsible Artificial Intelligence and Data Governance," Report. London: Hermes Investment Management.

Church of England. (2020) "Information on the Investor Mining and Tailings Safety Initiative." Available at: www.churchofengland.org/investor-mining-tailings-safety-initiative.

Claessens, Stijn & Yafeh, Yishay (2011) "Additional to market indices and the comovement of stock returns around the world," IMF Working Paper, March.

Cochrane, John H. (2011) "*Discount Rates*," NBER working paper 16972. Available at: www.nber.org/papers/w16972.

Cohen, Patricia. (2018) "We all have a stake in the stock market, right? Guess again," *The New York Times* (February 18). Available at: www.nytimes.com/2018/02/08/business/economy/stocks-economy.html.

Committee on The Financial Aspects of Corporate Governance. (1992) "Report of the Committee on the Financial Aspects of Corporate Governance." London: The Committee on the Financial Aspects of Corporate Governance and Gee and Co. Ltd.

Consolandi Costanza; Eccles, Robert G; & Gabbi, Giampaolo. (2020) "Better Few but Belter: stock returns and the financial relevance and financial of materiality." (April). Available at: https://papers.ssrn.com/sol3/papers.cfm?abstract_id=3574547.

Coase, R.H. (1960) "The Problem of Social Costs," *The Journal of Law and Economics* (Vol. III): 1–44.

Beslik, S. (2021) "Our engagement counts in India,", Nordea Blog. Available at: www.nordea.com/sv/hallbarhet/sustainable-finance/nyheter/2016/our-engagement-counts-in-india.html?&p=11.

Bhandari, T.; Iliev, P.; & Kalodimos, J. (2019) "Governance Changes through Shareholder Initiatives: The Case of Proxy Access' Fourth Annual Conference on Financial Market Regulation." Available at: https://ssrn.com/abstract=2635695.

Bhidé, A. (2010) A *Call for Judgment: Sensible Finance for a Dynamic Economy*. Oxford: Oxford University Press.

Bleakley, F.R. (1985) *Tough State Treasurer: Jesse Unruh; A Trustee Takes on the Greenmailers' New York Times.*

Bookstaber, Rick. (2007) "The Myth of Noncorrelation," September 23, 2007. Available at: http://rick.bookstaber.com/2007/09/myth-of-noncorrelation.html.

Breslau, Daniel. (2003) "Economics invests the economy: Mathematics, statistics and models in the work of Irving Fisher and Wesley Mitchell," *Theory and Society*, 32(3).

Briand, R. (2015) "Can ESG Add Alpha", MSCI Blog, www.msci.com/www/blog-posts/can-esg-add-alpha-/0182820893.

Brinson, G.P Hood, R.; & Beerbower, G. (1986) "Determinants of Portfolio Performance," *Financial Analysts Journal*, 42(4): 39–44.

Buffett, Warren. (2002) "Chairman's Letter". Available at: www.berkshirehathaway.com/letters/2002pdf.pdf.

Busco Cristiano; Consolandi, Costanza; Eccles, Robert G.; & Sofra, Elena (2020) "A preliminary Analysis of SASB Reporting: Disclosure Topics, Financial Relevance, and the Financial Intensity of ESG Materiality". *Journal of Applied Corporate Finance*." 32(2). Available at: https://papers.ssrn.com/sol3/papers.cfm?abstract_id=3548849.

Caldecott, Ben. (2019) "'Encourages laziness and disincentives ambition': Ben Caldecott shares his thoughts on the EU's green taxonomy." *Responsible Investor* (June). Available at: www.responsible-investor.com/articles/encourages-laziness-and-disincentives-ambition-ben-caldecott-shares-his-tho.

Campbell H. R. and Liu, Y. (2019) "A Census of the Factor Zoo," Working Paper. Available at: https://ssrn.com/abstract=3341728.

Carney, M. & Villeroy de Galhau, F. (2019) "Open letter on climate-related financial risks." London: Bank of England.

参考文献

Aguilar, Luis A. (2013) Commissioner, Securities and Exchange Commission, Speech to Georgia State University, April 19, 2013. Available at: www.sec.gov/news/speech/2013-spch041913laahtm.

Ambachtsheer, K. (2006) "Alpha, Beta, Barrlegab: Investment theory of marketing strategy," *Ambaschtsheer Letter*.

Anand, V. (1998) "The Names That Made Corporate Governance: Key Players Saw Shift From Faceoff To Cooperation," *Pensions & Investments*.

Appel, Ian; Gormley, Todd; & Keim, Donald. (2014) "Passive Investors, Not Passive Owners.' Available at: https://papers.ssrn.com/sol3/Papers.cfm?abstract_id=2475150.

Austin, Duncan. (2020) "Pigou and the Dropped Stitch of Economics," February 2020. Available at: https://preventablesurprises.com/wp-content/uploads/2020/02/Pigou-and-The-Dropped-Stitch-of-Economics.pdf.

Azevedo, Mary Ann. (2019) "*Untapped Opportunity: Minority Founders Still Being Overlooked*". CrunchBase News (February 27). Available at: https://news.crunchbase. com/news/untapped-opportunity-minority-founders-still-being-overlooked.

Baker, S. (2020) "Managers continue working for balance,", *Pensions & Investments*.

Baker McKenzie. (2020) "Sustainability Finance: From Niche to the New Normal," Report. Chicago, IL: Baker McKenzie.

Barbash, B.(1997) Speech before the ICI Securities Law Procedures Conference.

Bender, Jennifer; Briand, Remy Melas, Melas, Dimitris; & Subramanian, Raman Aylur. (2015) "Foundations of Factor Investing." Available at: https://papers.ssrn.com/sol3/papers.cfm?abstract_id=2543990.

Berle, Adolph & Means, Gardiner. (1932) *The Modern Corporation and Private Property*. New York, NY: Macmillan. ［邦訳『現代株式会社と私有財産』森杲訳、北海道大学出版会］

Bernstein, Peter F. (2007) *Capital Ideas Evolving*. New York, NY: John Wiley & Sons. ［邦訳『アルファを求める男たち——金融理論を投資戦略に進化させた 17 人の物語』山口勝業訳、東洋経済新報社］

監訳者紹介

松岡真宏（Masahiro Matsuoka）

フロンティア・マネジメント代表取締役

東京大学経済学部卒。外資系証券などで証券アナリストとして活動。2003 年産業再生機構に入社し、カネボウとダイエーの再生計画を担当。2007 年にフロンティア・マネジメントを設立し、代表取締役に就任。著書に『時間資本主義の時代』『持たざる経営の虚実』（日本経済新聞出版）ほか。

訳者紹介

月沢李歌子（Rikako Tsukisawa）

翻訳家

津田塾大学卒業後、外資系金融機関勤務を経て翻訳家になる。東京都在住。訳書に『ディズニーが教えるお客様を感動させる最高の方法』（日本経済新聞出版）ほか。

校正　河本乃里香

編集　三田真美

著者紹介

ジョン・ルコムニク（Jon Lukomnik）
機関投資家向け戦略コンサルティング会社であるシンクレア・キャピタルのマネージング・パートナーおよびハイ・メドウズ・インスティテュートのシニア・フェロー。ケンブリッジ大学ジャッジ・ビジネススクール客員教授。資本市場を検証する80以上の研究を統括してきたほか、デロイト監査品質アドバイザリーコミッティーや米国投資信託、保険信託の評議員会メンバー、ニューヨーク市年金基金の投資顧問やワールドコムの詐欺事件後の公式債権者委員会メンバーなどを歴任し、Forbes誌で「近代的コーポレートガバナンスの先駆者のひとり」と呼ばれる。共著に『新たなる資本主義の正体――ニューキャピタリストが社会を変える』（鈴木泰雄訳、ランダムハウス講談社）。

ジェームズ・P・ホーリー（James P. Hawley）
米カリフォルニア州セント・メリー・カレッジ経済・経営学部名誉教授。サンフランシスコにあるファクトセット社のトゥルー・バリュー・ラボのシニアESGアドバイザー。パリ大学、モンペリエ大学、マーストリヒト大学などで客員教授を務めるほか、ケンブリッジ大学ジャッジ・ビジネススクール、ハーバード大学ケネディスクール客員研究員。

「良い投資」とβアクティビズム
MPT現代ポートフォリオ理論を超えて

2022年10月18日　1版1刷

著　者　ジョン・ルコムニク、ジェームズ・P・ホーリー
監　訳　松岡真宏
訳　者　月沢李歌子
発行者　國分正哉
発　行　株式会社日経BP
　　　　日本経済新聞出版
発　売　株式会社日経BPマーケティング
　　　　〒105-8308　東京都港区虎ノ門4-3-12
装　丁　三木和彦
DTP　株式会社アンパサンドワークス
印刷・製本　中央精版印刷株式会社

ISBN978-4-296-11540-2

本書籍に関するお問い合わせ，ご連絡は下記にて承ります。
https://nkbp.jp/booksQA
Printed in Japan